LES
RÉCLAMATIONS
DES FEMMES

PAR

LE Cᵗᵉ A. DE GASPARIN

TROISIÈME ÉDITION

PARIS

MICHEL LÉVY FRÈRES, ÉDITEURS

RUE AUBER, 3, PLACE DE L'OPÉRA

LIBRAIRIE NOUVELLE

BOULEVARD DES ITALIENS, 15, AU COIN DE LA RUE DE GRAMMONT

1873

LES

RÉCLAMATIONS DES FEMMES

F. Aureau et Cie. — Imprimerie de Lagny.

LES

RÉCLAMATIONS

DES FEMMES

I

L'OPINION

C'est une vieille tradition que le mépris des femmes ; elle remonte à l'antiquité la plus reculée et descend jusqu'à nous. Railleries des poëtes de la Grèce et de Rome, bouffonneries du moyen âge, sermons et prêches, tout le courant de la Renaissance qui va de Rabelais à Voltaire et à Béranger, rien ne manque à cette interminable ironie qui n'a cessé d'exercer sa verve aux dépens d'une moitié du genre humain.

L'Orient, sous ce rapport, ne le cède point à l'Occident ; la satire contre les femmes occupe une grande place dans la littérature orientale ; aujourd'hui comme autrefois les défauts des femmes défrayent, dans les cafés de Constantinople et du Caire, les récits du conteur, et celui qu'il y a peu d'années nous entendions à Brousse, en plein air, près d'une eau vive, arrachait plus d'un éclat de rire à son auditoire composé de graves osmanlis, par la reproduction des scènes de harem où la ruse et les tromperies féminines jouaient le grand rôle.

Ce que Napoléon exprimait grossièrement dans sa colère contre Mme de Staël et contre le flot d'idées libérales qui circulait autour d'elle, bien d'autres l'ont dit et répété sur tous les tons : La femme est bonne pour faire des enfants ! — Tel est l'axiome dans sa brutalité.

Quelques-uns ajouteront des paroles galantes, mais la conclusion demeure la même ; la femme est exclue de cette sphère élevée, apanage de l'homme, où il entre seul, agit seul, et se maintient seul. Que la femme fasse des enfants, comme le veut Napoléon ; qu'elle veille sur le pot au feu, comme le veut Arnolphe ; qu'elle serve de jouet à nos fantaisies, comme le veulent tant de romanciers et de poëtes, le domaine de la vie supérieure ne lui en reste ni plus ni moins fermé. Depuis qu'il y a des hommes sur la terre, ils se sont entendus, on le dirait, pour exprimer leurs défiances et leur dédain, tantôt par l'organisation de la famille, tantôt par les inégalités légales, tantôt par les moqueries, tantôt par des éloges non moins humiliants, car ils s'adressent à l'être frivole, à la créature aussi insignifiante que séduisante, ils ne mettent en relief que les charmes extérieurs, la beauté, l'élégance, ils ne supposent ni l'âme, ni l'individualité. L'amour seul, et quel amour ! semble exprimer la mission tout entière de la femme, disons mieux, de la poupée.

On se rappelle ce mot du fabuliste :

« Si nos confrères savaient peindre ! »

Les femmes savent peindre, elles nous l'ont prouvé plus d'une fois ; même elles savent réclamer ; elles éprouvent aujourd'hui le besoin de réagir contre cette longue calomnie qui les a rabaissées ; elles veulent échapper au rôle médiocre que l'orgueil masculin leur a de tout temps imposé ; elles revendiquent une large émancipation.

L'égalité absolue, sur tous les terrains, il ne s'agit de rien moins que cela !

II

INJUSTICES A RÉPARER

Avouons-le, une dure injustice a pesé, pèse encore sur les femmes.

Les lois ont été faites par les hommes, et les·femmes ont eu lieu de s'en apercevoir.

— A bas la tyrannie ! tel est le cri qu'on entend de partout.

La tyrannie a existé, une ignoble oppression a, durant des siècles, écrasé le sexe le plus faible. Cette oppression subsiste encore sur une grande partie du globe, elle n'a pas entièrement disparu dans nos pays christianisés et civilisés ; ce qui reste est peu de chose, comparé à ce qui s'est évanoui au contact de l'Évangile ; il n'importe, l'œuvre doit s'achever, l'égalité sincère doit s'établir, nous devons provoquer le changement des lois civiles et pénales qui consacrent cette chose odieuse qu'on appelle le droit du plus fort. Sur ce point, les émancipatrices trouveront en nous de fidèles alliés.

Pour combattre les mauvaises prétentions que met en avant une réaction légitime et généreuse dans son principe, nous avons besoin d'ailleurs d'obéir à l'équité partout où elle se montre.

Or, nos Codes ne sont pas équitables. Ils ont trop maintenu la tradition antique, la tendance latine, le *pater familias*, sous le despotisme duquel la femme est aussi courbée que les enfants.

Nous déclarons sans cesse, et nous avons raison, je crois : que les femmes valent mieux que nous ! Comment concilier cette assertion parfois complimenteuse, le plus souvent sincère, avec le système qui subordonne d'une manière constante ces êtres supérieurs à l'être inférieur ?

Le pouvoir absolu ne convient pas à l'homme, il le rend fou et cruel : voyez les Césars ! Dans la famille il en va comme dans la politique. Ne donnons pas un pouvoir absolu au mari. Si l'arme terrible tombe aux mains d'un de ces hommes en grand nombre que leur conscience ne gouverne pas et dont les étages successifs vont descendant jusqu'aux perversités achevées, jugez de ce qui arrivera lorsqu'un être pareil se sentira libre de faire chez lui tout ce qu'il lui plaît sans avoir de compte à rendre à personne ! Bien des tragédies domestiques, tantôt éclatantes, tantôt ignorées, se sont abritées sous cette égide du pouvoir absolu.

On dit : — Si l'homme est parfois tyran au logis, la femme le lui rend bien !

Je l'accorde. Chacun en connait, de ces ménages où la femme, vrai despote, gouverne tout et tous, donnant carrière à son humeur et rendant la vie insupportable à chacun. Mais de telles exceptions n'ont rien à voir avec la question légale, avec l'établissement d'un pouvoir illimité qui s'exerce obscurément, dans le huis clos de chaque demeure, sans responsabilité publique par conséquent.

Prenons quelques-uns de nos Codes.

S'agit-il des enfants ? l'inégalité du père et de la mère est rendue énorme par la loi française. Chez nous, pour le fait capital du mariage des enfants, et ceci dit tout, l'autorisation seule du père suffit ; que la mère désapprouve, que la mère approuve, les enfants n'ont légalement pas à s'en embarrasser ! L'Angleterre va peut-être plus loin encore ; non-seule-

ment le mari seul décide la question du mariage, mais il
tranche souverainement celle de l'éducation ; il peut faire enlever ses enfants à la mère, celle-ci n'a pas à réclamer.

 S'agit-il des biens? notre loi qui remet entre les mains du
mari seul l'administration des fortunes réunies par la communauté, lui confère en outre le droit de disposer des effets
mobiliers ; autant dire de vendre tout, au gré de son incon-
duite ou de sa brutalité. En Angleterre, la femme disparaît
tellement dans le mari qu'elle ne possède plus rien. Je com-
prends cette fiction de la loi anglaise qui considère le mari
et la femme comme ne faisant qu'une seule personne. Ce
serait là une grande vérité si la loi recevait cette maxime
dans ses deux applications réciproques. Mais il n'en va pas
de la sorte. Entre les époux, tout ce qui est à elle est à lui ;
n'allez pas croire que tout ce qui est à lui soit à elle ; le
droit l'exigerait pourtant, dès que les biens appartiennent au
personnage légal nommé le couple ; dans ce cas, après avoir
été administrés sous l'autorité du mari, les biens devraient
se partager également entre le mari et la femme, chacun
pouvant disposer de sa part selon les règles de l'héritage et
du testament. Rien de semblable n'a lieu ; le mari, selon la
loi anglaise, absorbe tout, dispose de tout, ses héritiers
reçoivent tout, son testament transmet tout ; à moins que
ses désordres n'aient pris soin d'avance de dissiper tout.

Ce n'est qu'au moyen de dispositions compliquées et coû-
teuses, dont l'aristocratie seule peut faire usage, qu'un père
anglais prévient l'absorption de la fortune de sa fille. Encore
cette fortune ne saurait-elle rester entre les mains de celle-ci ;
confiée à des tiers, administrée par eux, le revenu, non le
capital passe à la fille, et c'est sous cette forme détournée que
la femme anglaise parvient à conserver tout ou partie de ses
biens. Dans les classes qui ne peuvent faire usage de ressources pareilles, la femme en se mariant est dépouillée jusqu'au dernier *farthing*, plus dépouillée que ne le furent

jamais les esclaves, auxquels leurs maîtres ont toujours laissé un pécule.

Aux États-Unis il en était de même naguère ; les exceptions tenaient à des conventions particulières, à des *settlements* conclus au profit des jeunes filles riches qui se mariaient. Un mouvement s'est fait dans le sens de la justice et de l'égalité. Plusieurs États ont introduit depuis quelques années, non-seulement dans leurs lois, mais dans leurs constitutions, des dispositions en vertu desquelles l'ancienne coutume anglaise est abolie. Désormais, les femmes, en se mariant, conserveront la propriété de leurs biens et demeureront maîtresses de ce qu'elles pourraient acquérir dans la suite par l'héritage ou par leur industrie particulière

La législation anglaise tend à se modifier dans le même sens ; toutefois elle subsiste encore, et sous le rapport de la propriété, les femmes des harems sont mieux partagées que celles de la libre Angleterre. M. Dixon l'a fait remarquer, s'il y a dans les législations musulmanes plus de respect des droits civils de la femme, plus de précautions contre les brutalités de l'époux, cela tient en partie à ce que, chez les musulmans, la loi religieuse est en même temps la loi civile ; or cette loi religieuse, ne l'oublions pas, doit beaucoup à la Bible. Chez les nations chrétiennes au contraire, la loi civile doit fort peu à l'Écriture ; nous avons suivi la tradition païenne et puisé nos principes dans les *Pandectes* de Justinien ; de là l'inégalité entre époux maintenue par nos Codes.

En fait d'inégalité, le Code vaudois renferme l'expression du plus absolu mépris du droit commun. Les femmes du canton de Vaud sont condamnées à une dépendance éternelle, disons mieux, à une éternelle enfance. Quel que soit leur âge, quelle que soit leur position, veuves ou célibataires, ayant reçu leur fortune par héritage ou l'ayant gagnée par le travail, elles ne peuvent ni vendre, ni acheter, ni échanger une parcelle de terrain, ni prêter ni emprunter, ni disposer en un mot de ce qui leur appartient, sans l'autorisation d'un conseiller et l'assistance de deux hommes de leur famille. Dans un pays où les femmes sont particulièrement cultivées et distinguées, cet article absurde prend un caractère odieux.

Voulez-vous un autre genre d'injustice? D'après notre loi française, la femme qui, à la suite de mauvais traitements, a quitté le domicile conjugal, peut être forcée de le *réintégrer;* les agents de l'autorité viennent la saisir, et sur la réquisition du mari, elle est remise entre ses mains exaspérées et brutales.

On a beau dire, le droit légal de faire ramener, par force, la femme au domicile conjugal, constitue un trait saisissant de l'esclavage; impossible de ne pas songer aux esclaves fugitifs. Elle aussi, comme eux, elle rencontre à son retour un maître irrité, tout-puissant, qui fait chez lui ce qu'il veut et qui peut infliger beaucoup de souffrance sans s'exposer à aucun châtiment.

Figurez-vous d'ailleurs ce que sera ce mariage rétabli par la gendarmerie; ce que seront ces relations; ce qu'est cette union de par la loi! On ose à peine y penser; toute délicatesse et toute justice en demeurent révoltées

Je me permets de rappeler ici le principe, constamment méconnu, de la réciprocité. Le mari aussi a promis en se mariant de ne pas abandonner sa femme; il faudrait, pour être juste, qu'elle pût, comme lui, s'adresser à la force publique pour le ramener au logis. Mais le ridicule de la mesure en démontre l'inutilité. On accorderait la réciprocité aux femmes qu'elles ne s'en serviraient pas, étant les plus faibles et sachant ce qui les attend.

La femme n'a pour se protéger d'autre ressource qu'une séparation prononcée par les tribunaux, séparation qui exige un procès coûteux et la démonstration publique de détails qu'on répugne à divulguer. A moins d'en venir à ce terrible moyen, la cohabitation reste imposée comme un devoir légal. — C'est donc tout simplement un article à rayer du Code.

Autre injustice. En cas d'adultère, la loi française autorise le mari à tuer sa femme et le complice de celle-ci.

Or, la femme est si peu considérée comme l'égale du mari, qu'usât-elle du même droit dans des conditions pareilles, le Code la traiterait d'assassin. Impossible de nier plus nettement la réciprocité.

L'inégalité qui existe dans nos lois civiles et pénales a pu justifier plus d'une fois cette parole : le Code organise l'asservissement des femmes ; l'homme absorbe tous les droits, comme il gouverne tous les intérêts et dispose de toutes les ressources !

Sans égalité, point d'unité ; l'unité n'existe qu'entre égaux. Toutefois, des limites devront nécessairement s'imposer. Dans cette question même de l'égalité civile, il faudra s'arrêter au point précis où le caractère féminin et la mission féminine seraient compromis tous deux. Nous avons du chemin à faire pour arriver à ce point-là.

Le Code, qui ne peut ni imposer, ni supposer l'amour, doit des garanties à la femme. Tous les vices, toutes les duretés, toutes les tyrannies du monde ne sauraient altérer la pleine validité du contrat civil ; la femme reste donc livrée à un despotisme occulte, très-positif et très-puissant, si le Code n'y pourvoit en rétablissant l'équilibre et le droit.

J'indique, je n'examine pas ; il appartient aux hommes compétents de fournir une solution.

Quant à la question des biens, je ne pense pas que la séparation légale des fortunes constitue l'idéal entre époux ; la communauté me paraît plus naturelle et plus conforme à ce type d'intime union que nous devons poursuivre. Mais si l'on ne veut fondre en une seule masse ni les biens déjà possédés, ni ceux qui seront acquis pendant la durée du mariage, une moitié appartenant à chaque époux, quelles que soient les provenances, il faudrait au moins que le revenu des deux fortunes et le fruit du travail des deux époux fussent indistinctement consacrés aux besoins communs du ménage.

A défaut de la communauté des biens ou de la communauté des revenus et produits, écartons absolument les systèmes en vertu desquels ce qui appartient à la femme est mis à la disposition du mari sans que la réciprocité existe. Ne dépouillez pas la femme de ce qu'elle a gagné ou de ce qu'elle possède ; la séparation des biens, dans sa rigueur et dans son équité, vaudrait mieux : ce serait un régime tendu, mais juste.

Je suis disposé, pour ma part, à croire que la loi devrait réserver le droit des femmes dans l'administration de leurs propres biens.

Le droit de la mère sur ses enfants me paraît encore plus sacré, l'inégalité plus choquante, l'équilibre plus important à rétablir par un article exigeant pour le mariage des enfants l'autorisation de l'un comme de l'autre des époux.

En tout état de cause, nous avons à protéger la femme contre l'autorité excessive du mari. Au point de vue de l'Évangile, l'autorité peut être proclamée en termes très-forts, elle ne dégénérera jamais en tyrannie, car elle rencontre devant elle l'amour chrétien, l'unité, l'égalité réelle, le respect des âmes pareillement rachetées et immortelles, le partage des devoirs de la famille et des responsabilités de l'éducation. Mais au point de vue de la loi, il n'en va plus ainsi ; la loi n'exclut personne du mariage ; les êtres les plus grossiers, les plus vicieux, ceux qui sont en marche vers le bagne ou vers l'échafaud se marient, et la pensée recule devant les cruautés et les hontes qui fondront alors sur les malheureuses que de tels hommes considèrent comme *leur chose.*

Si les chrétiens ont dans l'Évangile une loi supérieure dont les exigences et l'élévation ne leur permettent pas de recourir à de certaines mesures, la loi civile est tenue d'assurer à l'ensemble des hommes des garanties que la conscience chrétienne reste libre de ne pas mettre à profit : je citerai la *prescription*, d'un usage utile en général, mais qu'une âme délicate n'acceptera point. Le législateur qui fait la loi pour tout le monde, n'est nullement appelé à mettre tout l'Évangile dans le Code.

L'Évangile nous dit que celui qui hait est un meurtrier, que celui qui regarde une femme avec convoitise est un adultère ; le Code pénal n'appliquera pas ici la peine de l'adultère et du meurtre. L'Évangile pose pour l'administration des biens et pour les devoirs à l'égard des pauvres, des règles qu'aucune loi humaine ne saurait transformer en devoir légal. J'ajoute que si elle l'essayait, elle commettrait une faute grave ; les règles de l'Évangile sans l'esprit de l'Évangile, la loi extérieure au lieu de la loi intérieure, ce serait le pire des socialismes et des despotismes.

Voilà pourquoi, lorsqu'il s'agit du mariage, la loi civile établit et doit établir ses règlements à elle, ceux qui conviennent le mieux à l'ensemble des hommes, laissant les chrétiens maîtres de suivre à leurs risques et dépens les inspirations d'une morale plus haute ; voilà pourquoi nous réclamons l'introduction dans cette loi de l'égalité et de la réciprocité, la suppression de tout ce qui ressemble à l'autorité absolue du mari, le châtiment exemplaire en cas de sévices, la séparation de plein droit pour le corps et pour les biens résultant de toute condamnation motivée par l'abus du pouvoir, l'énergique répression de certains crimes : la séduction et l'adultère [1].

1. Indépendamment de l'égalité à établir dans le dernier cas, on ne tient

J'ai dit la séparation, je n'ai pas dit le divorce, entendons-nous [1].

Le nombre des ménages où s'exercent des violences impunies, où le mari pris de vin se permet tout, où même sans ivresse il agit avec un arbitraire illimité, ce nombre est considérable, chacun le sait ; pour protéger les malheureuses livrées en proie à des maris brutaux, pervertis et cruels, la condamnation motivée par des sévices doit entraîner de plein droit la séparation ; sans la séparation de plein droit, vous remettez la victime aux mains d'un maître exaspéré. L'ivrognerie, loin d'être une excuse en cas de mauvais traitements, me paraît au contraire une circonstance des plus aggravantes. Je crois même que le fait d'ivrognerie habituelle et grossière, forme, indépendamment des sévices, une cause suffisante de séparation. La séparation est le seul refuge ouvert à la femme contre les abus d'autorité ou les violences du mari. La séparation a ceci de bon qu'elle disparaît légalement dès que, par un libre mouvement de leur volonté, les époux se réunissent de nouveau. Sans doute une femme chrétienne acceptera difficilement la séparation ; cer-

pas assez compte, pour le premier, de l'effroyable tort causé à la fille séduite, de sa chute morale, de son avenir ruiné, des tentations successives et de la dégradation finale auxquelles on l'expose. L'homme s'en lave les mains, et une pénalité légère termine tout. Je ne sais pas si la recherche de la paternité est bonne, mais, de toutes façons, il faut, sous peine d'injustice criante, sévir contre l'attentat.

1. Le divorce qui brise les liens, le divorce qui permet de contracter une seconde union, le divorce tel que l'a maintes fois prononcé l'autorité papale au moyen âge, le divorce, cette honte des pays protestants, ce divorce-là que Jésus a condamné formellement lorsqu'il a toléré la simple séparation en cas d'adultère, le divorce constitue à lui seul la négation du mariage ; avec le divorce, la femme n'est ni l'épouse définitive, ni la mère définitive, ni la maîtresse de maison définitive. Le fait du divorce, même lorsqu'il reste à l'état latent, inflige aux femmes la plus cruelle injure. Vous criez à l'abaissement de votre sexe, alors n'admettez pas le divorce, ne réclamez pas le divorce, formez partout où il règne encore une sainte ligue contre le divorce, car le divorce vous dépossède, il vous flétrit ; le divorce une fois admis, vous n'avez plus de sanctuaire, plus de royauté, vous n avez plus de famille : c'est pis qu'une abdication, c'est une déchéance.

tains passages des Épîtres défendront sa conscience contre la tentation d'abandonner son mari, fût-ce en cas de vie douloureuse et d'amères déceptions ; dans les occasions très-rares où une femme chrétienne aura cru pouvoir recourir à cette ressource, elle regardera comme un devoir d'y renoncer dès qu'un changement favorable apparaîtra ; au moindre symptôme d'amélioration elle se replacera d'elle-même auprès de son mari, s'exposant à de nouvelles souffrances pour accomplir les promesses qu'elle a faites en se mariant ; telle sera, telle devra être la conduite d'une femme chrétienne ; mais, répétons-le, les lois ne sont pas écrites pour les chrétiens, elles sont écrites pour tout le monde.

Les mesures qui ont pour but de provoquer les châtiments et par suite la séparation en cas de violence ou d'ivrognerie habituelle resteront inefficaces, à moins que ces délits ne soient poursuivis d'office.

Attendre une plainte, c'est abandonner la femme sans défense à la merci du mari ; plus le mari se montre redoutable, moins la femme se risque à l'irriter par une réclamation légale. Les poursuites d'office, qui seules protégent réellement la femme, ne la compromettent pas ; quelles que soient leurs conséquences, elles ne laissent qu'un adversaire, le magistrat, en face du mari ; point de vengeance à exercer contre le magistrat ; le mari, placé sous une surveillance à laquelle il ne peut se dérober et qu'il ne peut intimider, est bien forcé de refréner ses passions.

Qu'une pénalité sévère, suivie de la suspension des droits du père de famille, punisse les violences, réprime la tyrannie du fort sur le faible, et nous aurons fait un pas considérable vers la justice.

Aussi longtemps qu'une inégalité choquante subsistera dans nos Codes, tant qu'ils maintiendront la soumission servile des femmes, deux faits se produiront : la ruse et la revanche.

Vous aurez des femmes qui dissimuleront plus ou moins, qui tourneront les volontés du mari, — j'allais dire les positions de l'ennemi, — qui seront gracieuses, doucereuses, mais qui ne seront pas sincères et dont l'âme ne marchera pas droit. La tactique féminine, d'un usage très-général, ne manque guère son but ; ainsi se fonde en face de l'autorité brutale du mari la réalité du gouvernement de la femme : la femme gouverne, et même elle domine. On en sourit, pas moi. Ces détours sont la marque de l'esclavage, j'y vois le plus triste fruit d'un régime dégradant. Le sens moral a disparu, le mensonge règne ; il réussit, ce qui est plus grave ; on respire un air malsain ; le caractère de la femme, en s'abaissant, a tout abaissé ; la famille entière est descendue : époux, enfants, nul n'échappe aux exhalaisons empoisonnées. Il n'y a qu'un moyen de purifier l'atmosphère, c'est d'y ramener le vif courant du droit et de l'équité.

Voici l'autre fait.

Dans un état de choses où la tyrannie légale des maris se trouve plus ou moins organisée, la tyrannie morale des femmes se produit fréquemment. C'est la revanche que prennent les femmes acariâtres aux dépens des maris débonnaires. Les hommes les moins despotes sont justement ceux qui expient le despotisme de leur sexe ; c'est la règle, il n'en saurait aller autrement, les bons payent pour les mauvais, et par une suite naturelle, les femmes méchantes se chargent de venger les bonnes qui ont le cœur trop haut placé pour jouer un tel rôle.

Croyez-moi, quand le sexe féminin n'aura plus à lutter dans son ensemble contre l'ensemble de la tyrannie masculine, quand l'égalité et l'unité auront été conciliées par la loi avec le maintien d'une autorité nécessaire, alors le despotisme bruyant des femmes acariâtres et le despotisme occulte des femmes rusées cesseront d'être une revanche pour ne plus être qu'un vice ; alors l'opinion de tous, à commencer par les femmes, s'élèvera contre les mégères et les câlines ; nous entrerons alors, autant que le permet la corruption humaine, dans les voies de l'harmonie et de la loyauté.

Nous parviendrons d'autant mieux à réformer nos lois, que nos mœurs ont pris les devants.

Ne méconnaissons pas les progrès accomplis sous l'influence de l'Évangile et de la liberté. Sans remonter jusqu'au temps et sans aller jusqu'aux pays où le mariage n'est qu'une vente, où le père livre sa fille contre un prix convenu, nous ne sommes pas bien éloignés de l'époque où le mariage s'opérait par ordre et où le consentement était forcé.

L'ancienne loi anglaise déclarait le mari maître et seigneur de sa femme. N'a-t-on pas cité de nos jours, et plus d'une fois, des cas de vente au marché ? quelque grossier manant tirant derrière lui sa femme, la corde au cou, et la cédant à vil prix ! Le meurtre d'un homme par sa femme entraînait le supplice du feu ; ai-je besoin de dire que la réciprocité n'existait pas ?

Au siècle dernier, chez nous, un père réglait en souverain la destinée de ses enfants. Il décidait que sa fille ne se marierait point, afin de réserver toute la fortune à monsieur son frère ; il envoyait la fille au couvent ; bon gré mal gré, avec ou sans vocation, en dépit d'une inclination passionnée, il fallait se cloîtrer. Tel autre arrêtait pour sa fille un mariage quelconque, il lui choisissait pour maître et seigneur, peut-être un vieillard, peut-être un homme perdu de vices ; quel que fût l'état du cœur de la malheureuse, elle devait prononcer le oui fatal ; le mot obéissance avait, pour les filles surtout, une portée que nous concevons à peine aujourd'hui ; l'esclavage de l'enfant vis-à-vis du père préparait l'esclavage plus avilissant de l'épouse vis-à-vis de l'époux.

Nous n'en sommes plus là. Sur le chemin au bout duquel on aperçoit les habitudes américaines, nous avons déjà fait de grandes enjambées.

En fait, l'autorité illimitée reçoit des limites. Au sein des familles honnêtes l'égalité pratique, le partage équitable des fonctions, l'intervention des deux époux dans les résolutions graves, l'association digne de deux êtres libres se produit de plus en plus, malgré le texte des Codes. J'en conclus qu'on doit modifier les lois. D'autres en concluent que cette modification est inutile. Il n'existe pas de plus dangereuse erreur. Creusez, au-dessous de la région où règne l'équité, au-dessous de la région où, à défaut de justice, règne le respect mondain de l'opinion, tout au moins une certaine tradition de convenance, vous trouverez les couches sociales où l'on ne se gêne pas, où quiconque a le pouvoir en abuse. C'est surtout pour ces couches-là, pour ces natures-là, pour ces sauvageries-là, souvenons-nous-en, que les lois sont faites.

III

LA PETITE MORALE

L'asservissement de la femme, que sanctionnent les Codes, tient à d'autres causes. Avant tout à l'éducation.

Mirabeau disait : — Il s'y connaissait, hélas ! — La petite morale tue la grande !

On a mis beaucoup trop de petite morale et pas assez de grande dans l'éducation ordinaire des femmes. Si j'excepte les pays de la Bible que gouvernent des idées plus vraies, plus élevées et plus saines, il est impossible de ne pas voir que la femme étouffe, emprisonnée dans les mailles étroites d'un réseau de petite morale. Petits devoirs : plaire, bien tenir un salon ! Petite instruction : un peu de musique, la danse, des notions superficielles en toute chose ! Petite dévotion : des pratiques, des habitudes, de la bigoterie ; c'est tout. Le grand souffle manque.

La frivolité de beaucoup de vies de femmes leur nuit bien plus que les plus dures législations. Quand les préoccupations de la toilette, les visites, les futilités tiennent la première place, il est impossible que les femmes ne diminuent pas leur rôle et ne s'abaissent pas dans l'opinion. On les prend pour ce qu'elles veulent être ; on les classe d'après la figure et la parure, et Dieu sait à quel point l'âme se dégrade par cette vanité des habitudes [1].

Ce qui se passe dans les classes élégantes de la société se produit sous d'autres formes dans celles qui le sont moins. La bourgeoisie a ses existences mondaines et très-mondaines. Si l'on rencontrait autrefois plus de sérieux dans les familles de robe, ce sérieux a presque entièrement disparu ; les Benoiton ne sont que l'exagération d'un genre trop réel. Dans les ateliers, le même principe amène des conséquences peu différentes ; l'ouvrière, mise à part des idées et des intérêts d'un ordre supérieur, frivole, légère, l'esprit vide, reléguée dans la sphère mesquine qu'on lui attribue, cherche rarement à en sortir [2].

L'association des pensées et des vies, au sens noble et chrétien du mot, est une révolution qui reste à accomplir

---

1. La frivolité n'est ni la beauté, ni la grâce, ni le charme. Loin de méconnaître ces dons, je pense au contraire qu'ils viennent de Dieu, comme l'amour, ce sentiment idéal que nous avons réussi à gâter, ainsi que tant d'autres choses excellentes.

2. Disons, pour être juste, que, s'il y a de la frivolité chez les femmes, il y en a tout autant chez beaucoup d'hommes. On les compte par milliers, ces existences inutiles et corrompues, ces habitudes de fainéantise absolue qui de la ville au village vont remplissant les clubs, les cafés et les cabarets !

partout, chez les laboureurs, chez les artisans, chez les
bourgeois comme dans le grand monde.

Le mariage d'argent, plaie ignoble et profonde, contribue
pour sa large part à l'amoindrissement dont se plaignent les
femmes. Avouons-le toutefois, les calculs de position sont
aussi familiers aux jeunes filles qu'aux jeunes gens. Elles-
mêmes se réduisent à n'être qu'un objet de luxe ; elles ré-
coltent ce qu'elles ont semé. Élégance, mondanité, luxe,
rien ne leur manque, rien, excepté le respect, l'amour et le
véritable bonheur. Sans compter qu'à force de besoins fac-
tices, on éloigne du mariage pour les livrer à la corruption
une foule de jeunes hommes, et que l'on condamne au célibat un nombre égal de jeunes filles, les mieux douées de
beauté, de vertus aimables, de distinction, dont le seul
tort, tort irrémissible, est de ne pas avoir assez d'écus !

Il appartient aux femmes de changer cela. Mères, qu'elles
inspirent des sentiments plus élevés, qu'elles donnent des
habitudes plus simples à leurs enfants. Jeunes filles, qu'elles
ne consentent pas à descendre au niveau d'une marchan-
dise taxée chez les notaires et cotée à la Bourse ; qu'elles deviennent exigeantes, romanesques, oui, romanesques, je
répète le mot ; qu'elles deviennent chrétiennes, tout est là ;
elles viseront haut, et l'une des grandes formes de l'émancipation féminine aura trouvé sa réalisation.

Ajoutons que la femme se mariant très-jeune et l'homme
très-tard, il en résulte une différence exagérée entre les
époux. Un seul est expérimenté. L'autre est un aimable enfant
dont l'éducation ne s'achève jamais. De là l'infériorité, de là
l'inégalité ; de là cette vocation de jouet dont on ne se relève point.

Que personne ne sourie si je dis, pour achever, que la
doctrine romaine du célibat a fortement maintenu notre tradition latine sur l'infériorité des femmes.

Les modernes réformatrices seraient bien étonnées d'apprendre qu'en déconsidérant le mariage, qu'en le regardant comme une servitude, elles continuent Grégoire VII !

Quoi qu'il en soit, voici le célibat déclaré un état saint, voici toute la classe des prêtres et des moines qui s'élève moralement au-dessus du commun des hommes, par cela seul qu'elle n'a point de commerce avec les femmes ; il en résulte évidemment que celles-ci impriment une souillure !

Si les nonnes, qui gardent le célibat, appartiennent également à la classe des saints de premier ordre, c'est que le mariage lui-même est flétri, et que la famille constitue un ordre inférieur. Qui dit la famille, dit le royaume de la femme ! En abaissant la famille, le catholicisme romain a fait descendre la femme. Dans cette situation vulgaire, indigne des grands saints, qu'on nomme la famille, il est naturellement entendu qu'aucun développement transcendant ne peut se produire ; les fonctions que la femme y remplit ne sauraient avoir de valeur ; les êtres voués au ménage, au soin du mari, à l'éducation des enfants, peuvent se contenter à bon marché. Les femmes, ces créatures dont tout saint d'élite doit se garer sous peine de déchoir, restent à jamais la race infime.

IV

LE MOUVEMENT FÉMININ

Et maintenant, passons aux réclamations du sexe opprimé.

Le mouvement féminin a ses journaux dans tous les pays et tient partout ses conférences. A Paris, il publie *le Droit des femmes*, *la Ragione* en Italie, *la Révolution* à New-York. En Suisse, l'Association internationale des femmes, fondée sous la présidence de Mme Goegg, relie les sociétés analogues des divers pays. Quand la ligue de la paix s'est assemblée à Berne en 1868, Mme Goegg a pris la parole, les droits de la femme y ont été acclamés, et tous les représentants du socialisme européen se sont empressés de nommer Mme Goegg membre du comité central. En France, en Angleterre, en Amérique, ces dames donnent des séances publiques où se produit leur éloquence ; elles n'éprouvent pas le moindre embarras, leur timidité ne les arrête pas un instant ; interruptions, interpellations, elles font face à tout. Des hommes de talent et de savoir les appuient ; on cite en Angleterre M. Stuart Mill et M. Bright ; MM. Jules Favre, Louis Blanc, M. de Girardin en France.

La Révolution ! Ce nom du journal américain indique clairement la grandeur des changements qu'on réclame ; et la devise qu'il a adoptée : Les hommes, leurs droits, rien de moins ! Les femmes, leurs droits, rien de moins ! ne laisse aucun doute à cet égard. Égalité politique, suppression nonseulement de toute infériorité, mais de toute distinction entre les deux sexes, au point de vue de leurs vocations extérieures, c'est bien là ce que revendique le parti. En Europe comme aux États-Unis, les maris de ces dames ont pour consigne de refuser leur vote à quiconque ne se prononce pas nettement en faveur des prétentions féminines.

Le mouvement allemand présente un caractère très-spécial que je tiens à signaler.

Il ne réclame aucun droit politique, il poursuit le développement intellectuel et l'élargissement du rôle moral. En cela l'Allemagne, le pays qui de tous a le mieux compris la vie de famille, demeure fidèle à ses tendances et à ses traditions. Si des idées fausses se glissent parfois dans les journaux créés pour soutenir le mouvement, si quelques écrivains cherchent à le faire dévier dans un sens politique, l'Allemagne considérée comme ensemble a résisté jusqu'ici, se bornant à ouvrir aux femmes et aux jeunes filles des écoles professionnelles, des établissements supérieurs et des cours du soir.

Le même fait s'est produit en Suède, où Frédérika Bremer avait donné une certaine impulsion à l'émancipation des femmes, à la bonne, à cette émancipation intellectuelle et morale que nous voulons tous.

Sur le terrain religieux, *l'alliance chrétienne des femmes*, dont on parle depuis quelque temps, cherche à réaliser ce que d'autres poursuivent sur le terrain politique : l'organisation à part de l'action féminine et de l'intérêt féminin. On veut qu'il y ait, en religion aussi, un parti des femmes. On cherche à diviser ce que l'Évangile unit étroitement : l'humanité dans ses deux expressions.

Si l'on parvenait, sous prétexte de les tirer de leur isolement et d'établir des relations suivies entre elles, si l'on parvenait à grouper les femmes pour la défense de leurs intérêts et la revendication de leurs droits, ce serait un fait très-grave et, je ne crains pas de le dire, un immense malheur. A l'union entre les deux sexes, loi providentielle, on substituerait l'antagonisme ; une lutte constante tiendrait les armées en présence, chacune son drapeau déployé. Se représente-t-on la famille ? Se représente-t-on les défiances réciproques ? Se représente-t-on l'esprit, le cœur, les idées les plus simples, les notions les plus fondamentales faussées, et ces mères et ces épouses se mettant en garde, allant en conquête !

Ne supposez pas que je refuse mon respect à des élans généreux, même lorsqu'ils aboutissent à des idées erronées ; il y a dans le désir d'échapper au cercle étroit que nous avons tracé autour des femmes un sentiment dont il ne faut pas méconnaître la grandeur. Les âmes aspirent à quelque chose de meilleur ; de là ce jet vers d'autres carrières, vers d'autres horizons, vers d'autres droits. Le tort est de mettre de bonnes intentions au service de chimères funestes.

— Toutes les réglementations anciennes, disent les partisans de l'émancipation féminine, tombent l'une après l'autre devant le principe moderne de la liberté et de la responsabilité de l'individu ; la situation seule des femmes reste soumise aux vieilles traditions ; elle doit donc, elle aussi, participer au progrès général !

Les barrières vermoulues sont brisées, cela est très-vrai ; il n'y a plus ni vilains, ni plébéiens, ni serfs, il y a des hommes ; les ouvriers ne sont plus condamnés à rester parqués dans leurs corporations, les industries ne sont plus tenues de conserver leurs procédés antiques : en toutes choses l'intervention de la loi se retire pour faire place à la liberté qui mettra chacun où il doit être. Cette même liberté, je n'en doute pas, exercera son influence sur la fixation légale du sort des femmes ; cependant, quoi qu'on fasse, le principe de la distinction des rôles n'en saurait être plus atteint que le fait de la différence des sexes.

On insiste : — L'incompatibilité des femmes en matière de fonctions publiques est la seule qui subsiste aujourd'hui ; toutes les autres, celles qui tiennent à la religion, à l'aristocratie, à la richesse ont successivement disparu. Il ne reste plus que les femmes qui soient légalement incapables ; et l'exception contient la moitié du genre humain !

Cet argument historique ne prouve rien. Encore un coup il s'agit ici, non de notre histoire, mais de notre nature ; la question unique est de savoir si les femmes sont des hommes, et si, par conséquent, toute distinction doit être supprimée entre les fonctions des deux sexes ?

— Chaque progrès du genre humain, dit-on encore, a été signalé par une élévation de la position des femmes. Les progrès du xixe siècle sont tenus d'amener une élévation nouvelle qui ne peut être que l'égalité !

D'accord ; mais l'égalité n'est pas l'identité ; la femme, égale de l'homme, peut avoir une mission différente. Ceux qui oublient ce point, ceux qui prétendent qu'en attribuant aux femmes un rôle politique on achèverait de les mettre à notre niveau, ceux-là ont à prouver que la femme gagnera quelque chose à devenir un homme, et, ne nous le dissimulons pas, un homme fort incomplet.

La vieille tradition qui pèse encore sur les femmes et qui rétrécit plus ou moins leur rôle dans toutes les classes comme dans tous les pays, n'est au fait qu'un principe vrai, faussé par l'esprit mondain. Rien n'est plus vrai que la distinction profonde établie en vertu du pouvoir de Dieu même entre la carrière féminine et la carrière masculine. Lorsque l'esprit mondain, opposé en tout à l'Évangile, s'est appliqué à cette vérité-là, il l'a faussée, faisant d'elle un mur de séparation, non-seulement entre la mission des deux sexes, mais entre le sérieux réservé à l'un, et la frivolité ou les occupations mesquines assignées à l'autre. La femme ne devant pas être un homme, ce qui est vrai, on s'est hâté d'en conclure qu'elle ne devait s'associer ni à l'instruction, ni aux travaux, ni aux intérêts de l'homme, ce qui est faux. Le principe n'en reste pas moins debout, essentiel, fondamental, et toute réclamation qui y porte atteinte, peu ou beaucoup, introduit un élément de désordre dans l'âme et de désorganisation dans la société.

Nul ne désire plus que nous l'élévation de tous les niveaux. Nous sympathisons avec le mouvement féminin lorsqu'il proteste contre l'abaissement et la dépendance systématique des femmes ; seulement il importe d'établir une distinction entre les questions fort diverses que l'on confond dans le même programme. Nous tenons à ne pas rejeter le bien, nous tenons à ne pas accepter le mal. Droit à l'instruction, droit au travail, droit au vote, de ces trois articles nous pouvons adopter les deux premiers, à la condition de les maintenir en deçà de la limite où commence l'altération du caractère féminin et de la vie féminine ; quant au troisième, il contient si clairement cette double atteinte que nous le rejetons net.

Les précédents, en tout cas, ne sont pas pour nos adversaires ; quiconque se rappelle les clubs de femmes de la première Révolution, ceux de la seconde, qu'on fut obligé de dissoudre en 1848, les violences féminines par lesquelles ont été marqués tous les mouvements anarchiques, les discours prononcés et les prétentions émises dans les divers congrès émancipateurs, ne se sentira pas pressé d'enlever la barrière qui, jusqu'à ce jour, sépare les femmes de la vie publique.

V

GUERRE A L'ÉVANGILE

La plupart des réclamations, du reste, arborent hardiment le drapeau de l'impiété.

— Le christianisme conseille la résignation, il assigne aux femmes la place qu'elles doivent occuper et les y enchaîne ; rejetons le christianisme ! N'a-t-on pas sanctionné en son nom l'oppression des ouvriers et l'esclavage ! N'a-t-on pas soumis en son nom les familles et en particulier les femmes à la direction des prêtres !

Il ne s'agit pas de savoir ce qu'on a dit ou fait au nom du christianisme — une foule d'iniquités, de sottises et de tyrannies ont été consacrées ainsi — il s'agit de savoir ce que le christianisme a dit ou fait lui-même. Le christianisme n'est pas responsable des crimes ou des erreurs de ceux qui, après l'avoir corrompu, s'en sont servi comme d'un bouclier pour couvrir toutes leurs passions et tous leurs despotismes.

Regardez l'Évangile dans sa pureté. Il fonde l'égalité à

côté de l'autorité ; il place au même rang, il appelle aux mêmes destinées les hommes et les femmes. Et tout en faisant cela, il établit ce caractère exclusivement féminin, cette existence d'intérieur que la femme ne déserte jamais sans déchoir. Depuis que l'Évangile a paru dans le monde et pas avant, s'est introduit l'ensemble d'idées qui a fait cesser l'oppression des pauvres, qui a détruit l'esclavage, qui a réalisé des libertés croissantes, et qui, pour les femmes en particulier, a opéré une émancipation telle, que celles qu'on propose aujourd'hui sont misérables à côté.

Je trouve autant de folie que d'ingratitude dans ces assauts contre l'Évangile, livrés par des femmes qui doivent tout à l'Évangile. Ne savent-elles pas que ce qu'elles désirent, j'entends les bons progrès, dépend des sentiments que la foi chrétienne mettra dans le cœur des hommes et dans leur propre cœur ? N'ont-elles jamais pensé à l'enfer terrestre où elles tomberaient si le ciel se fermait sur leur tête, si les prières cessaient, si rien d'éternel n'entrait dans les relations de famille ? C'est bien alors que leur mission s'abaisserait, que leur influence morale disparaîtrait, que la force régnerait seule, qu'on les exclurait brutalement de la vraie vie, des travaux, des professions, des enseignements, des questions que les hommes voudraient se réserver !

Si vous en doutez, promenez vos regards sur les temps antérieurs au christianisme et sur les pays qu'il n'a pas encore transformés. Prenez cette loi romaine qui assimilait les femmes aux enfants, donnant au *pater familias* droit de vie et de mort sur elles. Prenez la Grèce, et Rome encore, avec leurs gynécées, avec ces spectacles d'une indicible corruption : divorces continuels, crimes contre nature ! Prenez l'Amérique dans sa portion sauvage ! La *squaw* du Peau-Rouge y croupit sous un asservissement absolu, les durs travaux sont pour elle, c'est elle qui porte les fardeaux, elle vit des restes que le mari lui laisse après s'être repu,

son mari la quitte et la reprend comme il lui plaît, voilà
l'idylle ! quant aux enfants nés de ces unions éphémères, à
peine attachés à leurs parents par un lien très-éphémère
aussi, ils quittent dès qu'ils le peuvent le wigwam paternel,
et c'est à peine si dès ce moment on se connaît. Voyez l'A-
frique ! Écoutez les récits de Speke et Grant sur la dégradation de ses femmes à l'engrais ! Parcourez l'Orient. Est-ce la
Chine, sont-ce les Indes ? l'infanticide portant sur les filles y
produit d'effroyables massacres ; pour que l'usage de ces
meurtres quotidiens pratiqués sur une grande échelle se soit
ainsi établi et perpétué, il faut que ni la femme ni la mère
n'existent en quelque sorte dans toute l'étendue de ces royau-
mes démesurés. Est-ce Java, est-ce Siam, est-ce l'Égypte, est-
ce la Turquie ? Partout la femme, mariée enfant, sans avoir
vu son fiancé, sans avoir été vue de lui, sans être consultée,
rencontre cet abaissement de la reclusion pour lequel on ne
trouve pas de termes : vie nulle, développement nul, intimité nulle ; ni travail, ni intérêt d'aucune espèce ; la mater-
nité même dénaturée ! se baigner, se parer, tuer le temps,
accepter des rivales, vivre dans l'attente du divorce, ne rien
apprendre, ne rien savoir, souffrir, se heurter contre les
barreaux de la cage, c'est toute l'existence et c'est tout l'a-
venir. A Siam, lorsqu'un grand seigneur est ruiné, il vend
ses femmes et ses enfants ; ses filles vont peupler d'autres
harems. Plus on s'éloigne des frontières chrétiennes, plus la
femme descend les degrés qui mènent de l'être perfectible
à la chose ; la limite exacte où commence l'Évangile marque
la fin d'une si prodigieuse abjection. Placez l'Évangile au
milieu de ces ténèbres, tout s'éclaire. Ainsi dans le Liban,
l'enseignement des écoles fondées par Mme Thompson a
déjà produit de notables progrès. Les jeunes filles musulmanes suivent les leçons, plusieurs femmes ont demandé d'y
être admises ; les hommes consentent, approuvent, et, re-
nonçant aux unions précoces usitées jusqu'ici, recherchent

en mariage les élèves de Mme Thompson. De là à la disparition, en fait, de la polygamie, il n'y a qu'un pas.

VI

GUERRE A LA FAMILLE

En criant : A bas les tyrans ! — en appelant les femmes à la révolte, voici ce qu'on demande en réalité. On demande à renverser, d'une part l'autorité du chef de famille, d'autre part le mur qui s'élève entre la femme et la vie publique.

A bas les tyrans ! — cela veut dire : à bas la vie de famille, à bas le mariage digne de ce nom, à bas le soin maternel des enfants, à bas la vocation féminine dans son humble beauté et dans sa grandeur !

La campagne est ouverte contre la famille, car elle est ouverte contre l'Évangile. Il n'en saurait être autrement ; qui touche à l'un démolit l'autre.

George Sand et son école ont plus qu'il ne semble préparé le soulèvement actuel. Des livres malsains ont troublé les idées. Sans aller aussi loin que l'auteur, bien des esprits se sont demandé si le mariage, tel quel, n'est pas une tyrannie, s'il n'y a pas à briser un joug, si une réforme radicale de la famille, si une absolue émancipation de la femme ne font point partie du programme de l'avenir. Rien de funeste comme ces vagues rêveries qu'on ne peut attaquer en face, précisément parce qu'elles n'ont pas pris corps. Je ne connais guère de parole plus dangereuse que celle-ci : Il y a quelque chose à faire ! —Quelque chose ! non point ce que demandent ces gens-là, à Dieu ne plaise ! mais quelque chose.

D'autres, les esprits logiques, allant jusqu'au bout de leur pensée, arrivent à la suppression du mariage. C'est brutal, mais c'est non moins logique que brutal. En effet, si la femme devient un homme, il ne saurait plus y avoir ni mariage ni famille. On fera bien d'inventer autre chose et d'établir sur une base nouvelle, base ignoble, absurde, impossible, les relations de l'homme et de la femme, des parents et des enfants. Du jour où la femme appartiendra plus ou moins à la vie publique, elle cessera d'être l'épouse et la mère de famille que nous connaissons, elle descendra de son piédestal, elle mutilera sa vocation loin de l'agrandir. Mêlée aux luttes politiques, occupée de *meetings* et d'élections, nous pourrons voir en elle un camarade, et encore ! nous ne verrons plus la souveraine aimable et aimée, influente et respectée du royaume de l'intérieur.

Contre la diversité des aptitudes et la mission des femmes, nos réformatrices invoquent Sparte et Platon : Sparte dont les jeunes filles prenaient part aux exercices virils, la République de Platon qui effaçait presque entièrement l'épouse et la mère ! — On trouve cela beau. Je pense, quant à moi, qu'on ne saurait citer des exemples plus propres à nous révolter. Sparte violentait la nature même, Platon se proposait de la violenter encore plus. Dans l'un ou l'autre cas, c'en était fait de la famille, autant dire de la femme.

Au surplus, un lien étroit unit ces trois choses : socialisme, antichristianisme, émancipation féminine. L'association internationale des femmes correspond exactement à l'association internationale des hommes. Prenez Saint-Simon, Fourier, Babeuf, remontez à Lycurgue, toujours vous trouverez le mépris et la destruction de la famille.

C'est bien la question sociale qui se pose sous couleur de réforme. L'émancipation dont il s'agit fait partie du grand plan de bouleversement général. Les deux socialismes, celui des femmes et celui des hommes, se donnent la main ; il s'agit toujours de ruiner dans ses bases mêmes la société telle que Dieu l'a fondée. Les uns l'attaquent du côté de la propriété, les autres du côté de la famille, tous du côté de Dieu. Ces trois bases sont solidaires ; qui secoue l'une les ébranle toutes. On ne peut établir l'égalité politique des sexes sans rejeter la religion de sainteté et d'ordre qui a établi ces deux principes contradictoires en apparence, d'une admirable harmonie au fond : qui a fondé l'égalité des sexes, qui a sanctionné l'autorité du chef de famille !

Pour que la femme reste dans son rôle féminin, il faut que la société conserve ses assises divines et que l'Évangile se maintienne debout. La femme ne cessera d'être femme qu'en cessant d'être chrétienne ; or, et son bonheur et son honneur demandent qu'elle reste femme.

VII

LES FACULTÉS SONT ÉGALES, LES PARTS NE LE SONT PAS

— Les facultés sont égales, dit-on, et les parts ne le sont pas !

Entre les deux vocations, entre les deux fonctions si vous voulez, la fonction intérieure et la fonction extérieure, laquelle est la moindre? je n'en sais rien. Entre l'autorité et l'influence, entre le droit de décider et la possession des mille moyens de diriger, lequel est le plus important? je l'ignore. Ne parlez donc ni d'inégalité ni d'injustice, mais de fonctions diverses dans l'unité de l'être humain.

Les capacités sont ici hors de cause. Nul assurément n'aura l'impertinence de supposer une infériorité intellectuelle des femmes. Quand elles ont écrit, elles n'ont été inférieures à qui que ce soit : voyez Mme de Sévigné et tant d'autres ; quand elles ont gouverné, elles n'ont été inférieures à qui que ce soit : voyez nos régentes à partir de Blanche de Castille, voyez la reine Élisabeth d'Angleterre : voyez les sœurs et les tantes de Charles-Quint, qui s'y entendait, et qui leur confiait les missions les plus délicates ; quand elles dirigent les affaires pratiques, elles s'en tirent mieux que nous : voyez les femmes du commerce parisien ; quand elles étudient, elles réussissent comme nous : voyez les jeunes filles de nos écoles, voyez les jeunes filles qui tiennent tête aux jeunes garçons des collèges et des universités d'Amérique, rappelez-vous les femmes qui professaient lors de la Renaissance, rappelez-vous les femmes du XVIe siècle, aussi cultivées que les hommes, sans rien perdre de leur charme ! Si vous relisez l'histoire des martyrs, vous trouverez un type de chrétiennes dont la vigueur est admirable ; celles-là n'ont pas besoin d'un remaniement des lois pour marcher les égales des plus grands hommes. Et celles de la Réforme ! austères, vaillantes, pleines de grâce et d'humilité, épouses et mères incomparables. Et celles des Dragonnades ! ces protestante qu'on torturait dans les prisons du Dauphiné, qui vieillissaient dans la tour de Constance, qu'on persécutait à coups d'épingles dans les couvents, qui fuyaient à travers les montagnes, sacrifiant tout, famille, fortune, acceptant les amères douleurs de l'exil plutôt que de trahir la foi.

S'il y a chez les femmes une grande mobilité d'impressions, il y a souvent aussi chez elles une invincible persévérance ; ce qu'elles ont commencé, elles l'achèvent. Le tempérament nerveux, capable à un moment donné d'opérer une énergique concentration de force, celui qui fait les héros et les martyrs, celui qui fait les grands orateurs et les hommes de puissante impulsion est précisément le tempérament féminin. Sa prépondérance ne serait pas sans danger dans la vie publique, mais il aurait ses côtés brillants que nous ne pouvons certes dédaigner.

Loin de nier les qualités de gouvernement chez les femmes, je pense qu'elles ont plus que nous le sens pratique. Les abstractions, les règles absolues sont rarement leur fait ; elles s'en tiennent, on le prétend, — bien que des exceptions très-marquées démentent, dans les pays de la Bible surtout, l'observation, — elles s'en tiennent à la réalité, à l'effet prochain. Si tout cela présente des inconvénients au point de vue des principes, la politique s'en arrangerait assez bien, trop bien peut-être. Chacun le remarque encore : telle femme sans cesse dérangée, dont l'existence est coupée en petits morceaux, trouve une vive attention pour chaque détail, une décision nette pour chaque question, une solution claire pour chaque problème. C'est quelque chose, en matière de discussion ou de gouvernement que cette promptitude, toute intuitive, qui fait rencontrer sur-le-champ le parti à prendre ou la réplique à fournir.

Ceci dit, et sans appuyer sur le caractère variable, facilement ému, volontiers imprudent, parfois pusillanime que pourrait revêtir une politique soumise à l'action directe des femmes ; leurs capacités très-réelles, très-féminines et très-différentes des nôtres, ne sauraient justifier la communauté des carrières. La diversité des natures subsiste. Ceux qui la nient, ceux qui attribuent cette diversité au fait d'une éducation spéciale n'ont qu'à comparer le petit garçon et la petite fille en nourrice ; ni l'un ni l'autre n'ont reçu l'empreinte d'une éducation particulière, cependant les goûts, les instincts, les manières, tout se dessine et tout se sépare.

Ce n'est pas l'incapacité des femmes qui est proclamée de la sorte, c'est leur individualité qui n'est pas la nôtre, pas plus que leur nature, pas plus que leur mission.

VIII

LA FEMME ÉLECTEUR, LA FEMME ÉLIGIBLE

Le droit de vote forme le principal article des réclamations féminines. Aux États-Unis, la proposition n'a été rejetée qu'à une faible majorité. En Angleterre, bien que la haute cour de justice ait repoussé une requête analogue, les inscriptions déjà faites dans quelques comtés sont demeurées valables jusqu'à la fin de l'année [1]. Les femmes inscrites ont pris part aux élections. A Manchester et ailleurs, accueillies aux applaudissements de la foule, on s'est disputé leurs suffrages.

Je n'ai nulle envie de déclarer ceci ridicule : Vous riez de ce qui vous tuera ! — disait Proudhon.

On nous demande si le plus ou moins de vigueur physique influe sur le droit de suffrage ?

Non sans doute ; il serait absurde et brutal de repousser le suffrage des femmes sous prétexte que les hommes ont de leur côté la force des muscles. Toutefois la faiblesse relative des femmes, leurs maladies fréquentes, leurs grossesses, ne sont-elles pas les indications providentielles du rôle intérieur et paisible que Dieu leur a réservé ? Ne ressort-il pas de là que la vie publique avec ses agitations, avec ses devoirs dont l'accomplissement ne comporte pas d'interruptions n'est point leur fait, tandis que visiblement appropriée à la constitution de l'homme, elle forme sa tâche ici-bas ?

Argumentez-vous de la force que déploie la femme dans le travail de l'accouchement, dans les soins de l'allaitement,

1. 1869.

dans le train de guerre de l'éducation et du ménage, dans l'exercice de la charité, dans la lutte contre des souffrances où son courage dépasse le nôtre ? Nous répondrons que cette force, qui n'est pas inférieure, est différente, qu'elle est féminine, qu'elle est adaptée aux devoirs féminins, et qu'il serait par conséquent étrange d'en méconnaître et d'en violenter les applications.

— Soit ! dit-on. Mais alors, si la complexion des femmes les porte réellement à la vie d'intérieur, si elle leur interdit réellement la vie publique, laissez agir cette nature. La loi n'a pas à s'en mêler. Point de système protecteur ; la liberté de commerce suffit pour que chacun produise selon ses moyens ; les femmes produiront de la vie intérieure et non de la vie publique ; n'établissez ni droit au profit des uns, ni interdiction au détriment des autres ; que chacun garde le champ libre devant soi !

L'argument est ingénieux, rien de plus ; en l'appliquant d'une manière générale, on supprimerait toutes les lois positives ; à commencer par le mariage légal, car si la nature porte au mariage, il se fera ; à finir par la propriété légale, car si la nature porte à la propriété, elle se maintiendra !

Sans compter qu'établir le suffrage des femmes, c'est prendre une mesure directe, positive, provocatrice, qui loin de laisser faire et de laisser passer, suivant la formule, revêtira par cela seul qu'elle existe l'apparence d'un devoir.

— L'humanité est une ! s'écrient encore les partisans du droit des femmes ; pourquoi la diviser ?

J'adopte la définition. L'homme est un : homme et femme !

Mais l'unité même dont on argumente nous conduit à cette conclusion, que la totalité est représentée par la partie, qu'il ne saurait y avoir antagonisme habituel et normal entre les deux fractions solidaires d'un même tout, que par conséquent le vote de l'homme contient celui de la femme, chaque moitié accomplissant dans l'intérêt commun les fonctions auxquelles il est le plus propre. Ceux qui, sous prétexte d'unité, supposent la lutte des intérêts et veulent armer la femme pour défendre ses droits, sont justement ceux qui nient l'homme *un*, sous la forme de deux sexes.

On se retourne, et l'on déclare que lorsqu'il s'agit d'une classe entière, ou pour mieux dire d'une moitié du genre humain, qui en cette qualité a des intérêts particuliers à débattre, l'égalité civile et l'égalité politique ne sont pas séparables !

La réponse se trouve dans les faits : les deux égalités sont si séparables qu'elles ont été souvent séparées.

En France, l'égalité civile existe pour tous les citoyens depuis la Révolution de 1789 ; or, depuis ce temps-là, l'égalité politique est loin d'avoir régné chez nous, ce qui n'empêche pas l'égalité civile de s'y être très-fermement et très-sûrement maintenue.

En Angleterre, si l'égalité civile n'est pas absolue, il s'en manque peu ; or l'égalité politique, c'est-à-dire le suffrage égal de tous les citoyens, n'y est point admis.

En Italie, en Belgique, dans d'autres pays, l'égalité civile subsiste entière, et pourtant point d'égalité politique, point de suffrage universel.

Je ne vois pas, dès lors, comment l'universalité du suffrage serait plus nécessaire pour maintenir l'égalité civile des femmes que pour maintenir celle des nombreuses classes d'hommes auxquelles on n'attribue pas le droit de voter !

On prétend que désarmées, c'est-à-dire privées de l'égalité politique, les femmes ne sauraient compter sur la générosité des hommes pour leur conserver l'égalité civile !

Encore ici les faits répondent.

Qui a poussé presque toutes les législations dans le sens de l'égalité civile pour les femmes? Qui réclame aujourd'hui même le complément de cette égalité? Qui propose en Angleterre la modification ou la révocation des anciennes lois contraires au droit de propriété chez les femmes mariées? qui, sinon les hommes? Je ne le mets pas sur le compte de leur générosité ; il n'est pas nécessaire d'être généreux pour se décider à être juste ; mais enfin, voilà les faits. Ajoutons que les femmes votent réellement, car leur influence vaut l'autorité. L'égalité civile fortement voulue par toutes les femmes ne sera en aucun pays refusée quatre jours par les hommes.

L'erreur fondamentale consiste à imaginer obstinément un antagonisme ! Les hommes d'un côté, les femmes de l'autre ! Deux armées en présence ! On ne peut confier sa cause aux mains de l'ennemi !

S'il en allait de la sorte nous serions bien à plaindre. Les bases mêmes de l'humanité, telles que Dieu les a établies, s'en trouveraient ébranlées. Dès lors ne parlons plus de mariage, de famille, d'éducation commune des enfants ; entre ennemis, ces choses-là sont hideuses et impossibles.

C'est parce que nous partons d'une idée contraire que nous arrivons à une idée opposée : le suffrage de l'homme suffit, parce que l'homme n'est pas l'ennemi de la femme, ni l'époux de l'épouse, ni le père de la fille, ni le frère de la sœur.

Ne l'oubliez point, en réclamant l'égalité politique vous compromettez l'égalité civile. Si un obstacle, en effet, peut ajourner ce légitime progrès, c'est la menace des bouleversements monstrueux que l'on s'efforce de provoquer, elle discrédite les demandes les plus raisonnables que l'on verrait marcher en une telle compagnie; le mouvement tout entier deviendrait suspect, non-seulement aux yeux des hommes, mais aussi et surtout, j'en suis sûr, aux yeux des neuf dixièmes des femmes. Dans leur indi-

gnation, dans leur dégoût, résolues à ne pas quitter le foyer
pour la place publique, décidées à conserver intacte leur
belle royauté du dedans, elles répudieraient toute idée de
réforme, quelle qu'elle fût, et se rattacheraient passionné-
ment au *statu quo* !

Vous prétendez réaliser le suffrage universel ! vous ne
l'aurez pas ; les femmes vraiment femmes n'exerceront pas
ce droit ; elles n'affronteront ni le bruit, ni les contacts brutaux de la vie publique ; à supposer même qu'elles en aient
essayé un jour, effarouchées, désireuses de conserver leurs
délicatesses, elles se hâteront de regagner leur nid, elles
s'y cacheront et n'en sortiront plus. Au lieu du suffrage
universel, vous aurez organisé ce qu'il y a de pis au monde,
le suffrage d'une minorité, la minorité des esprits dévoyés,
des existences risquées, des femmes qui n'ont rien à perdre ;
pour satisfaire cette minorité-là, la minorité des femmes
politiques, vous aurez compromis dans son ensemble la
gracieuse influence et la noble vocation de la femme

Quoi qu'il arrive d'ailleurs, et le droit de vote dût-il être
emporté d'assaut, je ne crois pas à sa durée.

L'influence des femmes ayant abdiqué et la force régnant
seule, les forts, c'est-à-dire les hommes, reprendront ce
qu'ils auront cédé sitôt qu'ils éprouveront une gêne ou qu'ils
apercevront un inconvénient. L'effet, en tout cas, sera tellement désastreux qu'on reculera d'épouvante. On ne porte
pas impunément la main sur la distinction absolue des sexes,
base divine du corps social et de la famille.

Après les côtés monstrueux, les côtés ridicules ne tarde-
ront point à paraître, la raillerie s'en mêlera, le bon sens fera
au suffrage féminin une guerre acharnée ; cette surprise de
l'opinion aura la durée des surprises. Mais dans quel état se
trouveront les femmes après cette mauvaise victoire suivie
d'une mauvaise défaite ! Elles auront reculé, immensément
reculé. La bataille finie, leurs blessures ne se fermeront pas

du jour au lendemain; on se souviendra longtemps des ex-
centricités, des prétentions extravagantes. Pour avoir con-
quis pendant une heure un rôle qui n'était pas le leur, les
femmes, je le répète, auront compromis d'une façon durable
la belle mission qui leur appartient. Un grand nombre
d'entre elles sortiront de là irritées, criant à l'abus de la
force, à l'injustice, plus préoccupées que jamais de la vie
publique, plus détournées que jamais des devoirs de l'intérieur. L'hostilité aura, dans une certaine mesure, remplacé
l'union ; un trouble profond se sera produit, le respect aura
diminué, les vrais progrès se seront ajournés indéfiniment.

Si, contrairement à mes prévisions, le progrès menteur
l'emportait d'une manière définitive ; si les femmes acqué-
raient irrévocablement le droit de vote, j'ose à peine dire
quelle disproportion s'établirait entre ce qu'elles auraient
gagné de la sorte et ce qu'elles auraient perdu.

Ce qu'elles perdraient, indépendamment des choses éter-
nelles, ce serait ici-bas la vie de famille, la tendresse élevée
de leurs maris, l'obéissance de leurs enfants, toute la vie
morale, tout le bonheur idéal, toute l'éducation, toute l'influence, toute cette action bénie qu'exercent les sentiments
religieux lorsqu'ils rayonnent dans le cœur d'une femme,
lorsqu'ils éclairent et qu'ils réchauffent son intérieur.

Mettez en regard le droit de vote, et dites si le frisson ne
vous prend pas!

N'oubliez point qu'aux temps orageux, les femmes votant,
la passion votera. S'agit-il de guerre? les femmes sont plus
belliqueuses que nous; rappelez-vous les Grecques, les Ro-
maines, les Germaines, les Gauloises ; rappelez-vous les que-
nouilles envoyées aux jeunes gens pacifiques ; et sans remonter aussi haut, rappelons-nous les derniers événements,
l'ivresse de la poudre, la soif des émotions, le culte de
l'épaulette, les emportements et les rages impuissantes sous
couleur de patriotisme! S'agit-il de révolution? d'horribles

figures, violentes et acharnées, des phalanges de furies l'écume à la bouche, le couperet en main, toujours prêtes à pérorer, à voter, à tuer, reprochent aux hommes leur mollesse et nous font reculer de dégoût !

Ne l'oubliez pas non plus, le vote des femmes, dans tous les pays catholiques, sera dicté par le clergé.

Il vaut la peine d'y réfléchir. Expédition du Mexique, expédition de Cochinchine, expédition de Rome, guerre déclarée à la Prusse, sans le vote nous leur devons cela. Avec le vote, nous leur devrions la constitution d'une Europe latine en lutte contre l'Europe protestante, peut-être l'intervention de nos armées en Orient où elles auraient à soutenir la mission catholique, peut-être nos armées en Italie pour y revendiquer le pouvoir temporel du pape, peut-être nos armées en Espagne, si l'Espagne ouvrait trop grandes ses portes à l'Évangile !

Ajoutons que les questions politico-religieuses sont les seules capables de déterminer la grande majorité des femmes à voter malgré leurs répugnances instinctives, et que le clergé les y pousserait.

Le vote mène directement aux fonctions publiques.

Comment établir une distinction entre ces deux qualités : électeur et éligible? Au nom de quel principe refusera-t-on d'admettre le résultat d'une élection qui porte telles femmes à telles ou telles charges? Du moment où la vie publique leur est ouverte, dès l'instant où leur mission ici-bas est remplacée par une mission nouvelle, calquée sur celle des hommes, je vous défie de dire au droit des femmes : Tu n'iras pas plus loin ! — Que leur manque-t-il pour être élues, la capacité? nous avons prouvé le contraire ; le temps? mais les grands devoirs de la chose publique passent avant les petits devoirs de ménage. Le principe une fois posé, que vous le vouliez ou non, il faut aller jusqu'au bout. C'est la condamnation des gens qui en posent de mauvais. Vous aurez des femmes avocats, vous aurez des femmes députés, vous aurez des femmes préfets, ministres, ambassadeurs ; et pourquoi non ? le mal a sa logique, tout comme le bien. Vous aurez des femmes assises au banc des jurés ; d'autres siégeront en qualité de juges ; que feront-elles lorsqu'on prononcera le huis-clos ? Demandez-le aux partisans de leurs droits politiques !

Demandez aussi comment elles concilieront les obligations de la vie extérieure avec certains devoirs inévitables de la vie intérieure. La grossesse et l'allaitement, qu'on me permette d'y revenir, chez une femme député ou ministre, même chez une femme juré, professeur, avocat, cela ne laisse pas que de présenter quelques inconvénients. Mettons la vocation extérieure au plus bas, on se figure malaisément la femme électeur, son poupon sur les bras, foulée et bousculée dans la salle du scrutin !

Il faut choisir. Même avec une complète égalité d'aptitudes, on ne peut tout faire à la fois. Les femmes doivent, ainsi que nous, se contenter d'un des deux rôles.

Notez-le bien, la vie publique est d'autant moins conciliable avec la vocation des femmes, que cette vie se fait de plus en plus exigeante. Les institutions libres multiplient les devoirs des citoyens ; ce sont des élections, ce sont des commissions, ce sont des réunions préparatoires, ce sont des conseils municipaux, des conseils d'arrondissement et de département ; ce sont des enquêtes, des assemblées pour étudier les questions ; ce sont des clubs pour les attaquer ou les défendre ; ce sont des journaux, des revues, des circulaires aux électeurs. Et l'on voudrait que le logis, on voudrait que les enfants, sans parler du mari, s'accommodassent de tout cela! A moins que le mari, par un juste retour des choses d'ici-bas, après avoir longtemps veillé aux intérêts de l'État, ne surveille le pot-au-feu et ne donne la bouillie aux marmots!

On nous cite des votes qui n'ont rien à faire avec la vie publique ; à Paris, le vote des femmes dans la société des gens de lettres ; à Vienne, dans les élections municipales, le vote des femmes propriétaires d'immeubles. — Ces votes-là, chacun le sent, ne compromettent en aucune façon le caractère féminin.

Je connais une association de secours mutuels entre femmes, où l'on a commencé par faire délibérer les maris et les frères, puis, trouvant plus juste de laisser les femmes examiner et décider ce qui les regarde, on leur a remis le gouvernement de leurs propres affaires. Ainsi se présente le droit de suffrage dans une de ses applications légitimes et naturelles.

Le vote des femmes, admis dans plusieurs églises libres, ne m'alarme pas davantage. Au sein d'assemblées peu nombreuses, et quand il s'agit d'intérêts qui touchent de partout à la vie intime, l'opinion des femmes peut s'exprimer par un bulletin sans que la vocation spéciale de la femme en reçoive d'atteinte ou que le sanctuaire domestique s'en trouve violé.

La veuve hongroise qui vient accidentellement remplacer son mari mort et qui vote en silence, au nom des intérêts de sa famille, pour l'élection des comitats, ne cesse pas de concevoir son rôle de femme dans le sens normal du mot.

Telle femme du moyen âge, investie d'un fief, commandait à des hommes : elle avait ses vassaux, ses ministres et ses armées ; telle autre, en qualité d'abbesse, exerçait une autorité considérable et dirigeait parfois même des couvents de moines. Mais ces anomalies n'atteignaient nullement le principe ; l'idée de transformer la mission providentielle de la femme n'entrait dans l'esprit de personne, et les femmes qui remplissaient ces charges étranges n'auraient pas plus compris les théories modernes que les femmes strictement renfermées dans le cercle des plus humbles devoirs.

Reines d'Égypte et d'Assyrie, impératrices. de Byzance, princesses indoues qui mènent et malmènent les populations du fond de leur harem, tous ces exemples bons ou mauvais, vrais ou faux, de Sémiramis à Irène, d'Élisabeth à Catherine II, de Victoria à la reine Isabelle d'Espagne, ne changent rien à la question. Impératrices, reines ou régentes, toutes ont gouverné à titre exceptionnel. Leur plus ou moins de capacité, leur plus ou moins de succès n'ont altéré en quoi que ce soit le caractère féminin. Pas un de ces faits historiques n'a compromis la situation générale des femmes ; pas une de celles qui échappaient à la règle commune n'en a tiré de fausses conséquences. Rien ici ne ressemble à cette confusion des rôles qui porterait atteinte au plan divin

Il y a eu des hommes aussi appelés, par des circonstances non moins exceptionnelles, à remplir des fonctions féminines, à devenir de vraies mères, à s'occuper des soins les plus minutieux concernant le ménage et les enfants ; en tirerez-vous cette conclusion que la mission de l'homme est une mission intérieure, qu'il est fait pour manier l'aiguille ou pour diriger les détails de la nursery !

En fait de vocations extérieures, comme en fait d'égalité civile, le point d'arrêt se pose à cette limite précise que la femme ne franchit point sans perdre son caractère de femme et sans compromettre sa mission naturelle.

Aux États-Unis, des centaines de jeunes filles ont reçu leur diplôme de médecin. En France, à l'école de médecine, quelques femmes ont commencé de suivre les cours, plusieurs ont passé les examens avec distinction. Si, comme on le dit, il ne s'agit que de fournir aux autres femmes des docteurs appartenant au même sexe, s'il ne s'agit que de sauvegarder par là des délicatesses légitimes, tout est bien, nous n'avons rien à objecter, et quand l'Amérique se propose de diriger une partie de ces femmes docteurs vers la

Chine et vers l'Orient, où leurs connaissances médicales leur
ouvriraient la porte des harems, nous ne pouvons qu'applau-
dir à cette extension du champ de travail féminin. Mais qu'on
ne nous parle pas de femmes avocats ou de femmes prédi-
cateurs ; ici l'incompatibilité se dresse, car ici la femme
s'évanouit pour ne laisser devant nous qu'un homme en
jupons.

Parvenez-vous à vous représenter la jeune fille prédicateur ? la femme pasteur dont le mari prend place parmi les
simples fidèles ? — Je me borne à indiquer, je n'appuie pas.

L'Écriture au reste a décidé : « Je ne permets pas à la
femme de parler dans l'Église[1]. » — « Que la femme écoute
l'instruction en silence, avec une entière modestie[2]. »

L'Amérique et l'Angleterre ont plus d'une fois éludé la
défense ; celle-ci n'en demeure pas moins formelle, et notre
bon sens, nos instincts élevés, le respect même que nous
sentons pour la belle et modeste action de la femme, tout
nous affirme que le silence en public grandit son rôle, car il
protége son caractère, que l'âme comme la voix féminine
perd son timbre dès qu'elle s'enfle pour dominer au lieu de
garder la note harmonieuse et secrète, le son mélodieux et
discret qu'on écoute, justement parce qu'il ne s'impose pas,
et qui fortifie, précisément parce qu'il ne s'efforce que de
consoler.

IX

LA FEMME-HOMME

Je ne reviens ni sur les fonctions publiques : maire, conseiller, député ; ni sur les emplois juridiques : avocat, pro-

1. I *Corinth.* XIV, 34.
2. I *Tim.* II, 11, 12.

cureur, juré ; ni même sur les charges militaires, en dépit des amazones du roi Guézo. Les avoir nommées, c'est les avoir jugées.

Toutefois, ne nous y trompons point. Il n'est pas nécessaire que l'émancipation politique des femmes soit appliquée dans toute son étendue pour produire beaucoup de mal. L'idée seule suffit à ébranler la famille ; le faux idéal fausse les positions, fausse les relations, fausse les affections. La vérité de l'état normal fait que tout le monde y est à l'aise ; altérez cette vérité, le malaise surviendra. Dans nos temps agités, il importe plus qu'on ne croit de ne pas ajouter un grand désordre à tant de désordres, une révolution immense à tant de révolutions. Quand vous aurez démoli la famille, vous aurez démoli la société.

Les femmes qui réclament l'égalité politique, déclarent bien haut, et déclarent sans doute avec bonne foi, qu'elles n'abandonneront ni leurs devoirs d'épouses ni leurs devoirs de mères ; elles font remarquer qu'en acquérant plus d'instruction et de sérieux, elles ne seront que plus capables d'accomplir leurs obligations ! — Nous ne contestons nullement ce point-là. Le développement intellectuel et moral ne saurait être qu'un avantage et nous y applaudissons. Mais il n'est pas question de développement, il est question des droits et des devoirs d'un sexe revendiqués par l'autre, il est question d'un changement absolu de vocation, de pensées, de travaux, d'individualité, et l'on nous persuadera difficilement que lorsque les hommes ont tant de peine à être hommes, les femmes puissent, tout en restant femmes, devenir hommes aussi, mettant ainsi la main sur les deux rôles, exerçant la double mission, résumant le double caractère de l'humanité ! Nous perdrons la femme, et nous n'aurons pas l'homme, voilà ce qui nous arrivera. On nous donnera ce quelque chose de monstrueux, cet être répugnant, qui déjà paraît à notre horizon.

L'avénement de la *femme-homme* est plus qu'une menace, c'est presque un fait accompli. La femme *bon-garçon* lui sert de précurseur; modes masculines, costumes masculins, grosse voix, point de timidité, nulle gêne imposée ou acceptée, nulle exigence, pas même de simple politesse, on la reconnaît à cela; elle fume, secoue vigoureusement la main, et s'occupe de chevaux. La femme-homme, avec moins de laisser-aller, ira plus loin. Elle rédigera des journaux, elle préparera des discours, elle chauffera des élections; pérorant, discutant, dissertant, pédante à la fois et politique; de rudes contacts lui auront fait perdre cette réserve craintive qui est la poésie et qui est aussi la protection de son sexe; avec le charme féminin notre respect aura disparu; ne trouvant plus que des hommes devant nous, nous deviendrons brutaux et rustres. Qui nous enseignerait la courtoisie, envers qui conserverions-nous des égards, pour qui s'imposer le moindre sacrifice de bien-être? Les mœurs se seront dépouillées de leur velouté, les relations se feront cassantes et brusques; les vraies élégances, la véritable distinction, l'urbanité, toutes ces choses exquises dont les femmes étaient les protectrices disparaîtront dès qu'il n'y aura plus de femmes. L'ange gardien a laissé tomber ses ailes, la maison est dévastée, ouverte à tout vent, un objet sans nom, qu'on fuit avec des frissons d'épouvante.

Si jamais les femmes penchaient du côté de la prose grossière, tout serait définitivement perdu.

Ne désespérons pas. Les femmes sentiront que la poésie, que les instincts chevaleresques, que le côté relevé et en quelque mesure raffiné de la civilisation est placé sous leur égide; elles conserveront ce trésor. Voilà une vocation qui leur promet plus d'influence que tous les droits de suffrage, et cette vocation est tellement en accord avec l'ensemble de leur mission terrestre, que plus elles seront femmes, mieux elles s'en acquitteront, que mieux elles s'en acquitteront, plus elles seront femmes, dans le sens excellent et idéal du mot.

Revenons à la question spéciale.

Avez-vous prévu le cas où la femme électrice usera de son suffrage dans un sens opposé à celui du mari ; le cas où chacun des époux servira sa politique à lui, qui ne sera pas celle de l'autre ? Mesurez la portée, examinez les conséquences de cet antagonisme domestique appuyé sur l'exercice public et journalier d'un droit ! C'est la famille transformée en un parlement au petit pied, c'est la table devenue tribune, c'est la discorde à domicile !

Vous aurez beau faire, le mariage entre deux coélecteurs sera toujours impossible ; l'intimité est fondée sur les différences : en créant des identités on la tue; vous aurez détruit autant qu'il est en vous cette admirable union établie par l'Éternel entre la force et la faiblesse, entre l'autorité et l'influence, entre la vie extérieure et la vie intérieure, entre l'homme et la femme, entre les deux moitiés d'un même tout[1].

Encore une fois, ne nous effrayons pas trop. La réprobation qui a frappé les Bloomeristes, de l'autre côté de l'Atlantique, est un indice de cet instinct vivace et sûr aux simples clartés duquel bien des fantômes s'évanouissent. La question des habits a son importance. L'habit féminin exprime en quelque sorte la vocation féminine ; commode pour une vie d'intérieur, il se trouverait mal de l'action extérieure et prolongée, du contact immédiat et violent de la foule. C'est bien pour cela qu'aux yeux des Bloomeristes,

---

1. Nos arguments ne concernent, on le prétend, que les femmes mariées. Et pourquoi ? Par où la femme célibataire est-elle en dehors de son sexe, comment son noble rôle ici-bas ne se trouverait-il pas altéré si le rôle général de la femme changeait de nature ? La femme célibataire lancée dans la vie publique en souffrirait-elle moins qu'une autre ? Ayant plus de réserve à garder, possédant une garantie de moins, n'y perdrait-elle pas davantage ?

la robe constitue un signe de servitude, et que voulant émanciper la femme, elles ont essayé de la déguiser en homme. Le bon sens a protesté. En présence de tentatives plus sérieuses portant sur des points d'une bien autre valeur, le même bon sens trouvera de plus véhémentes indignations.

C'est sur les femmes que je compte pour repousser *le droit des femmes*.

X

LE DROIT A L'INSTRUCTION

C'est sur elles et sur nous que je compte pour revendiquer et conquérir le droit à l'instruction.

Je ne saurais trop le redire, nous qui combattons le suffrage et le rôle politique des femmes, nous ne prenons nullement notre parti du système d'éducation qu'on leur applique traditionnellement. Ce qu'il a de superficiel et de factice nous révolte. Nous ne sommes pas du tout d'avis qu'on élève les femmes dans la pensée unique de plaire et de réussir en demeurant étrangères aux intérêts sérieux. Nous ne croyons pas le moins du monde que la femme la plus ignorante soit la plus femme ; nous pensons, au contraire, qu'en se développant elle deviendra meilleure épouse, meilleure mère, meilleure ménagère par-dessus le marché, l'instruction et le devoir ne faisant nulle difficulté d'aller ensemble.

Surtout échappons à cette vieille comédie des femmes adorées qu'on tient de court, des idoles encensées qu'on réduit à un minimum de lumière. Renonçons pour nos femmes aux vapeurs et aux nerfs : les vapeurs et les nerfs ne forment pas, tant s'en faut, le vrai caractère féminin ; la femme la plus femme n'est ni la moins forte, ni la plus prompte aux défaillances, ni la moins douée de courage. La saine énergie s'allie merveilleusement avec la grâce et la réserve.

Les femmes ont donc raison quand elles cherchent à répudier le rôle médiocre et passif qu'on leur a imposé de tout temps ; elles ont raison de croire qu'indépendamment du soin des enfants et de l'intérieur, un domaine leur reste ouvert, celui de l'association dans une certaine mesure aux travaux et aux préoccupations du sexe fort; elles ont raison lorsqu'elles pensent qu'exercer leur intelligence, que nourrir leur esprit, que prendre à cœur les grandes causes, que tout cela, loin de compromettre les intérêts commis à leur garde, enrichit au contraire et réchauffe le bonheur.

Qu'on ouvre des écoles, qu'on crée des cours au profit des jeunes filles, nous y applaudirons.

Le mouvement a commencé. En Russie, une pétition signée par cent cinquante dames réclamait naguère la fondation d'une université féminine ; l'Empereur, sollicité par le comte Tolstoy, ministre de l'instruction publique, a permis que des cours pour les femmes fussent établis à l'Université de Saint-Pétersbourg.

Les pays protestants ont devancé les autres, comme c'est leur devoir et leur droit. Ils préparent l'esprit des femmes aux fortes études et donnent à l'âme des habitudes de vaillance, d'intégrité et d'indépendance personnelle [1].

Aux États-Unis — il faut toujours y revenir lorsqu'il s'agit de progrès — on ne s'avise pas de soutenir que la femme étant inférieure à l'homme, elle doit se contenter d'un moindre développement. Les jeunes filles participent à l'instruction que reçoivent les jeunes garçons dans les écoles et marchent du même pas; ces écoles pour la plupart — soixante et dix sur cent — sont dirigées par des femmes;

---

1. On n'a pas oublié l'énergique dévouement avec lequel les femmes américaines se sont consacrées aux blessés, pendant la guerre contre le Sud.

les garçons comme les jeunes filles s'en trouvent bien.

Outre l'instruction qu'elles reçoivent ainsi, les jeunes filles des États-Unis voient s'ouvrir devant elles des établissements d'enseignement supérieur. L'égalité sur le terrain des connaissances est non-seulement un droit reconnu, c'est encore un fait acquis. Les jeunes Américaines apprennent le grec, le latin, les langues modernes, l'histoire générale, la géométrie, l'algèbre, l'astronomie, tout ce que savent ou ne savent pas les jeunes gens de chez nous. Les femmes — et c'est un résultat dont il faut tenir grand compte — devenues épouses et mères, peuvent ainsi prendre part aux travaux de leurs maris et intervenir dans l'éducation de leurs fils. Qu'égales aux hommes par l'instruction, elles rêvent de carrières masculines, je ne le nie point ; l'inconvénient est grave, il y a là une mesure à garder. De même que dans l'éducation des hommes on ne doit pas perdre de vue la vocation virile, on ne doit pas dans l'éducation des femmes perdre de vue la vocation féminine. Pousser les femmes vers les spécialités réservées à l'autre sexe, ce serait manquer le but. Ceci posé, nul n'a le droit de refuser à l'esprit féminin ce fond solide et général d'études, cette instruction *humaine*, en dehors, au-dessus de toute profession, de tout apprentissage particulier, qui constitue le patrimoine commun. On l'a dit, les femmes et les hommes mangent des aliments identiques à la table de famille, ce qui n'empêche pas le développement de s'opérer chez les uns et chez les autres d'une façon distincte. Il en va de même pour l'aliment intellectuel, pourvu que le régime particulier de quelques individus ne devienne pas la règle imposée à tous.

Un Arnolphe peut se réjouir d'avoir des ignorantes auprès de lui — avouons que les savantes qui l'entourent lui donnent raison — mais quel homme sensé ne désirera trouver dans sa femme un cœur qui batte aux nobles émotions, des facultés qui répondent aux siennes, une âme qui comprenne,

un esprit qui s'intéresse ! Intimité, cela veut dire fusion des
sentiments, des convictions, des idées. Et que deviendraient
les entretiens du foyer, je vous le demande, sans cette
flamme vibrante et claire, sans ce trésor sur lequel vit la famille : littérature, art, politique, charité, religion, science,
de quoi causer en un mot et monter d'un même élan vers
les régions supérieures.

Le problème de la réunion des deux sexes dans les écoles
et dans les colléges, cette question qui ne se pose pas même
en France, est résolue aux États-Unis. L'école mixte y est la
règle, l'école distincte y forme l'exception. Les colléges réunissent des élèves de l'un et de l'autre sexe qui ont de quinze
à dix-huit ans ; on étudie, on prend ses repas, on se pro-
mène ensemble. Il n'en résulte aucun fait regrettable.

Placés que nous sommes sous l'influence de notre vieille
galanterie et de nos vieilles corruptions, l'éducation des filles
pour nous, c'est toujours un peu le couvent. Les nations
qu'a fortifiées la Bible ont d'autres vues, plus simples et plus
vraies. L'Angleterre, la Suisse, l'Allemagne, ne connaissent
point nos scrupules malsains. L'indépendance, dans ces pays-
là, précède le mariage ; chez nous elle le suit ; lequel vaut
le mieux ? Aux États-Unis l'instruction, même supérieure,
ne sépare pas les sœurs et les frères, ils peuvent la poursuivre en commun ; la vie de famille continue, une émula-
tion de bien faire s'établit entre les deux sexes. Loin de compromettre les mœurs, le système américain en assure
l'honnêteté. C'est lorsque la séparation suppose le danger
que des préoccupations fâcheuses naissent dans l'esprit. On
cite un collége où les deux sexes étaient abrités derrière des
murailles ; les inconvénients passaient par-dessus ; on abattit
les murs, les inconvénients disparurent.

Vous dites que c'est possible, mais qu'à tout le moins
les bonnes manières s'en vont, et qu'à ce contact des

deux sexes, chacun doit perdre ses qualités essentielles !

C'est le contraire qui arrive et l'expérience a prononcé. Les jeunes gens deviennent polis et courtois ; les jeunes filles deviennent plus féminines, s'il est possible. Vous faut-il un exemple ? Dans les colléges mixtes on n'a pas eu besoin d'interdire le tabac ; les jeunes gens ne voudraient pas oublier le respect dû aux jeunes filles !

Les conditions exceptionnelles d'existence faussent notre nature, on ne saurait trop le rappeler ; plus l'existence pendant l'éducation est naturelle, complète et simple, telle enfin que Dieu l'a voulue, plus les développements s'opèrent d'une façon normale.

Nos éducations cloîtrées, où rien ne rappelle ni la famille ni la société nous paraîtront un jour, je l'espère, de tristes inventions. Nous comprendrons alors que la liberté des jeunes filles, quand elle n'est pas excessive, tient de bien près à la loyauté, à la vaillance, à la pureté des caractères. En somme, c'est la vie entière, au soleil, sans mutilation, comme elle convient à des nations indépendantes.

Or cette liberté-là, vous pouvez m'en croire, cette liberté fondée sur l'Évangile, garde mieux le cœur que nos grilles et nos verrous [1].

1. En Amérique, les jeunes filles et les jeunes gens ont, en fait de mariage, une indépendance presque illimitée ; le choix d'un époux, la parole donnée, l'union conclue, communiquée, tout cela s'opère sans que les parents soient en quelque sorte consultés. Il y a là de l'excès. Je suis loin d'approuver une telle liberté, si absolue qu'elle relâche les liens de la famille.

La jeune fille peut voyager, et voyager seule d'un bout à l'autre de l'Union, protégée par le respect public, sans que sa modestie ait à s'effaroucher une fois. C'est très-beau ; pourtant je rencontre encore ici cette exagération d'indépendance dont les habitudes altèrent un peu le caractère et nuisent au charme féminin. Avec de légères modifications on garderait la saine liberté, la pureté, la noble vigueur, et l'on ne répudierait pas la soumission respectueuse, la réserve, la douceur, la grâce, le maintien complet de la famille.

La disproportion des sexes en Amérique, surtout dans les nouveaux États où les femmes sont bien moins nombreuses que les hommes, n'a pas peu contribué sans doute à donner à la femme américaine cette assurance, cette disposition à se préoccuper de ses droits, dont chaque jour nous amène

XI

LE DROIT AU TRAVAIL

Le droit au travail n'est pas moins sacré que le droit à l'instruction.

Si le travail des femmes présente en certains cas de graves dangers pour elles-mêmes et pour la famille, s'il y a lieu de le délimiter avec soin, nous retrouvons sur ce terrain l'inégalité et l'injustice ; l'homme s'y est fait comme ailleurs la part du lion.

Les hommes excluent les femmes de beaucoup de carrières où elles pourraient entrer sans compromettre leur caractère spécial. Les hommes ont accaparé bien des vocations exclusivement féminines. Que font, je vous le demande, derrière les vitrines de nos magasins, ces grands gaillards occupés à disposer les plis du satin ou de la moire ? Que font-ils derrière les piles d'étoffes qui encombrent les comptoirs ? Est-ce à ces fortes mains de mesurer des rubans ? Est-ce à ces lèvres qu'ombragent des moustaches de parler modes, nuances et chiffons ?

Tout ce qui, dans le commerce, touche au goût et à l'élégance, devrait par cela seul appartenir à la direction des femmes ; toute occupation qui sans exiger l'emploi de la force physique veut de la dextérité, de la promptitude, du coup d'œil, devrait rester leur apanage.

des manifestations nouvelles. Très-recherchée, un peu enfant gâté, la femme américaine est naturellement portée à ne pas se contenter toujours d'humbles devoirs.

Mentionnons encore, comme une coutume à éviter, la vie de pension, l'établissement à l'hôtel très-général en Amérique, et qui entraîne la suppression du ménage, le désœuvrement des femmes, un véritable relâchement des relations intimes entre les époux, les parents et les enfants.

La loi ne peut intervenir, je le sais ; mais où la loi se tait l'opinion parle. Si l'opinion, dans le cas dont il s'agit, gardait le silence, en vérité, c'est que la conscience publique, et je le dirai, notre honneur à nous autres hommes, seraient bien malades.

Pourquoi ne confierait-on pas aux femmes la direction des télégraphes, celle des bureaux de poste [1] ? Les ouvriers imprimeurs s'opposaient naguère à l'admission des femmes dans leurs ateliers, pourquoi cela ? Je n'examine pas les avantages ou les inconvénients de la profession pour elles, je dis qu'ici la liberté et le droit ont été indignement violés. Pourquoi n'ouvre-t-on pas largement la carrière de l'enseignement aux femmes ? Pourquoi, lorsqu'il s'agit d'écoles, le traitement des institutrices demeure-t-il inférieur à celui des instituteurs ? Pourquoi le travail des femmes quel qu'il soit, à égalité de valeur, est-il moins payé, toujours, que celui des hommes ? Pourquoi ne pas établir pour tout le monde le travail à la tâche, le seul qui mette en rapport vrai le labeur et le profit ? Pourquoi, grâce aux nombreux intermédiaires qui séparent l'ouvrière de l'acheteur, le salaire de celle-ci s'évanouit-il aux trois quarts ? Pourquoi ne pas organiser partout, comme on l'a essayé à Paris, des associations coopératives munies d'ateliers et de bazars qui placent le travail de l'ouvrière en relation directe avec la bourse du public ?

L'équité ne demande rien moins ; la moralité, fortement intéressée au triomphe de la justice, exige tout autant, car l'insuffisance des salaires, l'impossibilité de vivre au moyen d'un gain honnête accumulent devant la jeune fille et la femme des occasions de chute dont nous portons la responsabilité.

Notre responsabilité pas plus que notre devoir ne s'arrête

1. Cela se fait dans quelques localités.

là. Il y a des centres manufacturiers qui sont des centres de corruption ; la vie de famille s'y dissout, l'épouse et la mère y disparaissent dans l'abrutissement d'une vie collective où le travail mécanique absorbe tout ; les intelligences et les âmes s'en vont, les corps aussi périssent ; c'est là un crime social ; il faut donc que la société intervienne, il faut qu'elle limite le travail des faibles, qu'elle protége les femmes et les enfants, qu'elle sache vouloir, qu'elle fasse exécuter ce qu'elle veut.

On parle de ligue ! Liguons-nous pour flétrir toutes les institutions, toutes les coutumes qui souillent et qui perdent. Chacun sait ce que je veux dire, je n'ai pas à entrer dans le détail. Il est des tolérances infâmes, il est des provocations dont les agents devraient rencontrer un châtiment sévère. L'opinion publique reste lâche en présence de tels attentats, l'indifférence des honnêtes femmes les encourage, c'est la faute des honnêtes femmes s'ils n'ont pas disparu ; elles créent les courants, un courant pur balayerait ces turpitudes, qu'on le sente circuler. Voilà un beau droit à conquérir : le droit de sauver ! Voilà un beau droit à exercer : le droit de mettre le ciel à la place de l'enfer !

Cela vaut peut-être bien le droit de jeter un bulletin dans une urne électorale.

XII

L'AUTORITÉ

Au surplus, nous avons moins à changer les lois que les cœurs.

Le mal est en nous, dans nos idées et dans nos habitudes. Si la réforme ne commence par nous, elle ne réformera rien :

le dedans fait le dehors, toute vraie renaissance est sortie de là.

Il y a plus qu'une erreur, il y a de l'enfantillage à demander au droit de vote l'amélioration de la situation des femmes. L'Évangile seul tient ici comme partout les grandes solutions.

Les femmes veulent échapper à la frivolité, à la mondanité, elles veulent devenir autre chose que cet être futile et joli auquel on fait la cour, qui vit d'une vie élégante et vaine, exilé des saines régions, privé des intérêts sérieux ; l'Évangile lui donne sa place, car l'Évangile lui révèle son âme, et met devant cette âme le devoir. Les femmes veulent étendre leur instruction, l'Évangile appelle et favorise tous les développements. Les femmes veulent s'associer aux idées et aux travaux de leurs maris, l'Évangile établit la vraie intimité entre eux. Les femmes veulent abolir d'injustes exclusions quant au travail, l'Évangile seul vaincra les injustices. Les femmes ont à gémir sur l'immoralité qui abaisse leur sexe, l'Évangile seul aura raison du vice et de la dégradation. Les femmes ont faim et soif de bonheur, l'Évangile leur donnera les tendresses élevées, les communes prières, les communes espérances, et cette intelligence de leur vocation, cet accroissement de la vie de famille en dehors desquels elles chercheraient vainement le progrès.

Ajoutons que si le cœur de l'homme demande à être remué et régénéré par l'Évangile, l'action de l'Évangile dans le cœur des femmes elles-mêmes n'est pas moins nécessaire au succès de leur cause. Chrétiennes, elles apprendront à aimer, à se dévouer ; elles auront du courage ; elles prendront leur mission par le grand côté qui est le côté vrai ; leur rôle s'élargira dans la mesure de leur foi que pénétrera la charité.

Comparez un intérieur où tout est court, où tout est terne parce qu'il n'y a point de ciel, où les relations entre les parents et les enfants sont sèches, où elles restent superficielles parce qu'il n'y a point d'immortel avenir, comparez-le avec ces familles bienheureuses que réchauffe la piété d'une femme croyante, aimante, qui voit par delà, qui espère par delà, qui met l'éternité dans toutes ses affections, qui saisit Dieu à travers tous ses devoirs, et dites s'il faut chercher ailleurs la suprême émancipation !

Émancipation, le mot n'est pas trop grand pour la chose. Il s'agit de retrouver la femme telle que Dieu la créa pour l'achèvement de son œuvre ; il s'agit de retrouver pour l'homme « cette aide semblable à lui » que Dieu lui donna dans son amour : autre et semblable, égale et dévouée ; et la souveraine dignité de la femme, c'est d'accepter cet ordre divin.

Pas plus que la Bible nous ne supprimons l'autorité de l'époux. L'Écriture, admirable en cela comme en tout, établit à la fois l'égalité et l'autorité dans le ménage. L'égalité est proclamée à chaque page du livre. Le mari et la femme, créatures immortelles, rachetés de Jésus-Christ, enfants du même Dieu, ont le même Père, le même Sauveur, les mêmes espérances ; ils possèdent la même éternité glorieuse, ils rencontrent les mêmes périls, ils supportent les mêmes douleurs, ils offrent les mêmes sacrifices ; la femme, sur ce terrain sanglant, n'a pas plus reculé que nous. L'autorité se trouve non moins clairement affirmée par l'oracle divin ; elle l'est en termes dont la netteté et la force nous étonnent : rappelez-vous ce chapitre de la première Épître aux Corinthiens où l'apôtre déclare l'homme *chef* de la femme, où il invite celle-ci à voiler sa tête dans l'Église à cause des anges et du rôle plein de réserve que Dieu lui a destiné !

Il faut remonter à l'histoire de la chute, pour en tirer l'explication profonde et vraie de l'autorité de l'homme et de l'assujétissement de la femme[1].

---

1. M. le pasteur Espérandieu l'a fait à Genève, dans une suite de discours pleins de vues neuves, délicates et justes.

Avant la chute, la famille n'a qu'un maître, qui est Dieu. Faire la volonté de Dieu, c'est le devoir égal et commun de nos premiers parents. Après la chute paraît l'organisation nouvelle de la famille : autorité du mari, subordination de la femme. Quand la chute aura été entièrement réparée, c'est-à-dire dans la vie éternelle, l'égalité complète reparaîtra.

Fait remarquable, la discipline paternelle tient bien plus de place que le châtiment dans les institutions qui modifient les rapports des époux bannis d'Eden. Voyez comme elles sont admirablement appropriées, d'un côté à la part que chacun a prise dans la chute, de l'autre au relèvement dont chacun avait besoin !

La chute a montré chez la femme cette promptitude et cette hardiesse qui ne reculent pas devant la désobéissance ; une discipline de soumission sera imposée à celle qui ne s'est pas soumise. L'homme a manqué d'énergie, il s'est effacé devant la responsabilité ; une discipline d'autorité le contraindra de vouloir, de répondre pour sa famille et pour lui.

Longtemps, à l'exemple d'Adam, les théologiens ont durement rejeté le péché sur la femme. Plus d'un sermon — notons en passant les discours d'Adolphe Monod — a froissé dans le cœur féminin un sentiment instinctif de justice ; plus d'une âme s'est irritée devant l'arrêt durement présenté, cruellement consenti par l'orgueil masculin, qui se serait apaisée, qui se serait joyeusement résignée devant la correction expliquée par l'humilité et par la charité fraternelles.

Pour apprécier le vrai caractère de l'autorité et de la soumission, il faut donc remonter au vrai caractère du point de départ. Alors et seulement alors on saisit la pensée divine, alors et seulement alors on comprend cet immense amour qui toujours surmonte le mal par le bien.

Par la soumission, Ève apprendra l'obéissance qu'elle ignorait puisqu'elle s'est révoltée, puisqu'elle a poussé son mari à la révolte ; par la soumission, elle apprendra la vie intime et cachée qui lui convient, puisqu'elle a cédé à l'orgueil ; par la soumission, d'autant plus touchante qu'il y a chez la femme plus d'énergie et de convictions fortes, Dieu permettra que la femme amène son mari à la foi.

Par l'autorité, Adam acquerra ces qualités que nous nommons viriles, et que les femmes possèdent souvent plus que nous ; par l'autorité, il luttera contre cette incurable faiblesse dont il a fait preuve en fléchissant devant la tentation. L'homme, qui craint la responsabilité, sera appelé à les accepter toutes ; l'homme, qui calcule volontiers au lieu d'agir, sera contraint de se décider ; celui qui a prononcé cette triste parole : la femme que tu m'as donnée ! sera forcé de prendre des résolutions et d'en porter le poids. L'humanité remontera les pentes, fortement aidée par la discipline de Dieu.

On a soutenu que l'autorité de l'époux ne saurait se maintenir, car elle n'est pas le résultat d'une résolution préalable du genre humain !

Cette théorie du contrat social est erronée ici comme partout. Si nous supprimions tout ce qui n'a pas été consenti, nous abolirions l'autorité des parents aussi bien que celle de l'époux. J'ajoute que le consentement donné au commencement du monde me paraît avoir une médiocre valeur aujourd'hui ; il ne serait pas difficile de soutenir que les femmes ayant fait des progrès dès lors, elles ne peuvent rester liées par une loi votée il y a quatre mille ans !

La femme libre, j'y reviens, nous amènerait l'enfant libre ; les enfants, secouant le joug, prétendraient faire toutes leurs volontés sous prétexte qu'ils sont égaux à leurs parents, que leur nature intellectuelle et morale vaut celle du père et de la mère, et que s'ils se trompent quelquefois, leurs parents peuvent se tromper aussi !

Ne riez pas. Cette apparition de l'enfant libre n'est-elle point un fait? Vous les avez rencontrés, ces jeunes êtres disgracieux, tranchants, prématurément' corrompus, sans respect pour les personnes âgées, traitant leur père en camarade! L'autorité leur a fait défaut, tout s'est écroulé. Au fond, une même tentative d'insurrection attaque la famille par les deux côtés : la mauvaise émancipation des femmes, la mauvaise émancipation des enfants.

On a prétendu que cette parole de l'apôtre adressée aux femmes : « Soyez soumises à vos maris ! » n'avait pas plus de valeur durable que cette autre parole adressée aux esclaves : « Soyez soumis à vos maîtres! »

Oui ! si le mariage était un fait transitoire comme l'esclavage.

Oui ! si le mariage était un crime comme l'esclavage.

Oui ! si la famille devait cesser sur la terre et si son existence n'exigeait pas un chef. Un chef, n'oubliez pas ceci, auquel l'apôtre recommande l'amour, tout comme il recommande l'obéissance à la femme, établissant par là le vrai tempérament de l'autorité : l'unité morale devant Dieu.

Mais l'autorité du mari subsiste. A défaut de cette autorité-là, vous êtes obligé d'admettre de deux choses l'une, ou l'autorité de la femme, ou l'absence totale d'autorité.

L'autorité de la femme avec la soumission du mari ! Je vous défie d'envisager sérieusement un tel renversement des rôles [1].

Quant à l'absence totale d'autorité, c'est le chaos. Ce chemin aussi bien que l'autre mène à l'absurde.

---

1. Si la soumission pouvait jamais s'imposer à la force, il est permis de croire que la force n'en supporterait pas longtemps le joug et que la révolte deviendrait l'état normal.

Ceux qui ébranlent follement le principe d'autorité oublient ceci : que l'autorité n'est pas moins nécessaire à celui qui obéit qu'à celui qui commande, et que, chaque fois qu'une autorité légitime s'affaiblit, nous nous affaiblissons tous.

Diminuez l'autorité de Dieu, celle de la Bible ; diminuez l'autorité de la conscience, celle du devoir ; diminuez l'autorité des lois, celle des gouvernements ; retranchez l'ordre, je veux dire l'autorité, dans une armée, à bord d'un vaisseau, dans un pays, dans la moindre commune, à l'instant tout fléchira, tout souffrira ; l'indépendance et la liberté y périront l'une comme l'autre, car l'une pas plus que l'autre ne se passe d'autorité.

Dans de telles conditions, la vie même devient impossible. Vous représentez-vous la famille sans tête, sans conducteur, sans personne qui prononce le mot décisif ; chacun visant à cette autorité qui n'existe plus ; nul n'obéissant et par conséquent nul n'étant obéi ; la femme en révolte rencontrant devant elle des enfants en révolte, des domestiques en révolte ; partout la lutte, partout des antagonismes, les affections partout refroidies et nulle part un terrain solide où prendre pied ! L'expérience, du reste, est faite depuis longtemps. Il n'en manque pas, de ces familles à la dérive, dépourvues d'autorité, privées d'obéissance, de ces familles dans lesquelles rien n'appuie parce que rien ne résiste, types achevés d'impuissance et de mécontentement.

Dès que vous supprimez le chef, vous avez l'anarchie. Elle est dans les sentiments, dans les idées, dans l'éducation, dans le ménage, sur tous les points où viennent se heurter des tentatives de prépondérance contraire.

Eh bien soit ! se soumettre à un homme supérieur, on y consent ; mais à la médiocrité !—Je vaux mieux que lui, j'ai plus de bon sens, plus d'esprit de conduite, plus de conscience, j'y vois plus clair, et il me faudrait obéir ! Mon mari va, vient, voyage, fait ce qu'il veut, comme il veut, et moi qui ai mes goûts, mes fatigues et mes ennuis, je ne pourrai ni soulager ceux-ci ni satisfaire ceux-là !

Que répondre ? qu'un grand principe, qu'un principe éminemment éducateur et sage a été posé par la Parole de Dieu, qu'étant une conséquence de notre péché, il froisse nécessairement nos instincts naturels, qu'en le méconnaissant on arrive à des résultats monstrueux, que si l'homme abuse de sa position ce n'est pas une raison pour la femme de se révolter contre la volonté divine ; et cela dit, ajouter que l'acceptation du devoir constitue ici comme partout la vraie dignité, la vraie grandeur, la vraie royauté.

La dignité du renoncement ! C'est une de ces beautés qu'ont entrevue ceux qui cherchent à pratiquer l'Évangile. Les renoncements que Dieu demande n'abaissent pas, ils élèvent. Des injustices peuvent s'accomplir, l'autorité maritale peut avoir ses excès, mais qui sait si la soumission patiente d'une femme, si le respect qu'elle garde, si les scrupules qu'elle apporte dans l'accomplissement de ses obligations particulières ne sont pas justement la conduite la plus propre à ramener un mari !

Cette soumission d'ailleurs, n'est en aucune façon de la faiblesse. Il faut pour y arriver au contraire beaucoup de vigueur. Cette soumission-là suppose et maintient l'égalité fondamentale. Autant la soumission servile et passive est ignoble, autant la soumission volontaire, acceptée, marchant avec l'indépendance de l'âme, s'associant à la tendresse, se courbant sans s'abaisser, autant cette soumission-là suppose une énergie qui élève singulièrement le rôle de la femme. On s'est beaucoup trop représenté l'épouse modèle comme un souffre-douleur dépourvu d'initiative, comme une Griselidis ployée devant son maître, subissant sa loi, n'intervenant en rien. Cette vieille tradition vit plus aujourd'hui dans notre littérature que dans nos mœurs, cependant notre esprit en a gardé je ne sais quel souvenir aussi éloigné du vrai type féminin que pourrait l'être la femme électeur ou la femme avocat. L'épouse et la mère sont appelées à agir, car elles sont appelées à réaliser l'idéal dans la famille, or on ne réalise pas l'idéal sans vouloir et sans lutter. Combattre le mal, plaider les bonnes causes, avertir, reprendre au besoin, tel est le droit de la femme, bien plus, tel sera souvent son devoir ; sa franchise fidèle ne se sépare en aucun cas de l'humilité, et jamais sa dignité n'aura rayonné d'un plus pur éclat que lorsque dans l'affection et la douceur, on la verra dénoncer ainsi l'injustice et respecter l'autorité.

Au sein des bons ménages s'applique la maxime : Le roi règne et ne gouverne pas ! — L'époux règne, c'est le couple uni qui gouverne.

En effet, si l'autorité maritale décide en dernier ressort toutes les fois qu'on ne parvient pas à s'entendre, si elle se montre constamment comme manifestation des intérêts de la famille et comme direction générale de ses affaires, l'unité se poursuit d'un même cœur, nul ne reste exclu des grandes résolutions; la volonté du mari devient en quelque sorte l'expression de l'accord commun. Et cela n'empêche pas l'autorité de rester debout. Et l'autorité est tellement un principe d'ordre, qu'après l'avoir trouvé sur la terre dans la société et dans la famille, nous le retrouvons au ciel où les anges forment des hiérarchies; nous le rencontrons au cœur même de la divinité, dans l'égalité parfaite de l'essence divine où apparaît la subordination du Fils

XIII

L'INFLUENCE

Les femmes qui s'insurgent contre l'autorité oublient la valeur de l'influence. L'influence de la femme est certaine, immense, universelle; cette influence bonne ou mauvaise s'exercera-t-elle pour le bien ou pour le mal? voilà le point important.

La femme demeure-t-elle l'être frivole que veut la tradition, la femme devient-elle l'être mercantile que crée notre siècle d'argent, condescend-elle à se faire l'être politique et peu féminin que cherchent à fabriquer certains réformateurs, cette influence sera fatale. Avec la femme instruite, capable, aimante et chrétienne, au contraire, l'influence portera des fruits si beaux, qu'en fait de réforme elle ne laissera plus rien à désirer.

L'homme a l'autorité. Par le charme, par la promptitude intuitive, par la facilité d'élocution, par les délicatesses d'une conscience dont le frottement avec les affaires extérieures n'a pas usé les angles vifs, par l'existence plus recueillie, par un contact plus habituel avec les notions morales, par l'innocente finesse, par l'ardeur, par l'élan, par les tendresses qu'elles inspirent et qu'elles ressentent, par ce grand monopole de l'éducation qui leur appartiendra toujours, les femmes ont l'influence.

Dieu, qui a tout bien fait, a mis l'influence en face du pouvoir; et nous répétons après Vinet : « Si la femme est mécontente de son partage, j'ose dire qu'elle n'y entend rien ! »

Les hommes ont, il est vrai, promulgué les lois, ils ont écrit les livres, de là cet injuste amoindrissement de la mission féminine qu'on signale avec raison aujourd'hui. Mais ni les mœurs, ni les lois, ni les livres ne se font en dehors de l'influence des femmes ; elles y travaillent sans le savoir ; elles consentent encore plus qu'elles ne subissent. Une nullité rachetée par des compliments ! voilà ce qui a été proclamé d'une part, et trop accepté de l'autre. C'est donc aux femmes qu'il appartient d'opérer la bonne émancipation des femmes, c'est à elles qu'il appartient de chercher le sérieux des occupations de la vie. Dès qu'elles le voudront réellement, sitôt que toutes aspireront à cette égalité qui réside dans l'intimité conjugale, dans l'association croissante des pensées et des travaux, la révolution féminine du XIXe siècle s'accomplira d'elle-même.

Les hommes distingués, a-t-on dit, sont toujours les fils de leurs mères ; ajoutons, pour être justes, qu'ils sont les maris de leurs femmes. Un homme mal marié ne sera jamais complet. Par quoi remplacer cette tendresse, cette conscience en éveil, cette franchise aimante, ce cœur loyal et fidèle, ces encouragements, cette atmosphère pénétrée de poésie et de vérité, cette énergie, cette douceur, tout ce pur, tout ce vivifiant Éden au milieu duquel notre être entier se dilate, se fortifie et s'ennoblit !

Où manque la femme avec ses aspirations au bien, avec ce besoin de perfection qu'elle sent pour ceux qu'elle aime, le mari et les enfants ne rencontreront plus que des complaisances funestes ou que d'hostiles sincérités. La race des enfants gâtés et des brutaux se forme ainsi ; ils n'ont pas connu l'être qui chérit, qui réchauffe, qui résiste en souriant, qui blâme en pleurant, qui soutient, qui console, toujours là, faible et fort, sérieux, gracieux, la vraie moitié de l'âme humaine !

Ce qu'il y a d'admirable dans le relèvement que les femmes ont raison de chercher pour elles-mêmes, c'est qu'il entraînera le relèvement des hommes. L'homme, en reléguant la femme dans la sphère des futilités, l'homme s'abaissait aussi ; il abaissait sa famille, son amour, sa vie morale, le cours de ses pensées, l'avenir de ses enfants ; il abaissait jusqu'aux inspirations de la poésie : c'était une pauvre compensation de se réserver certains droits et d'accaparer les affaires. Dès l'instant où l'influence morale remportant sa victoire sur la force, le rôle de la femme remontera à son vrai niveau, tous les niveaux remonteront par le même fait. Il y aura un progrès dans les études, dans les affections, dans les éducations, dans les familles, dans les bonheurs. La femme, en reprenant sa place, remettra l'homme à la sienne ; l'idéal humain se relèvera pour tous.

Mais qu'elle ne sorte pas du sanctuaire ! Lorsque la femme se mêle publiquement de la chose publique, elle se fêle en quelque sorte ; la cloche ne rend plus un son juste et pur. Il faut que la femme placée en dehors du détail des affaires, interrogée comme les Gaulois interrogeaient les druidesses, juge au moyen de ce don admirable qu'elle a reçu de Dieu : le don d'intuition. C'est ainsi, non autrement, qu'elle exercera sur la chose publique une influence droite et généreuse, une influence bénie, considérable, et dont on ne se passerait pas impunément. Quand les femmes auront concentré sur l'amélioration de la vie de famille les efforts qu'elles perdent à la poursuite d'un rôle politique, les hommes, retenus au foyer par ce charme nouveau, sentiront se resserrer les liens de l'union ; l'association des idées naîtra, le cercle étroit de l'existence féminine s'élargira, une forte, une saine action s'exercera ; les affaires publiques n'y échapperont pas plus que le reste, et les femmes voteront alors comme elles doivent voter, très-modestement, mais très-réellement.

Ne l'ont-elles point fait ? Qui serait asez naïf pour croire que jusqu'ici les femmes n'ont pas voté ! Elles ont voté de la bonne manière, par l'influence discrète et cachée. Il y a bien plus de votes féminins qu'on ne l'imagine au fond de tous nos scrutins. Soyez tranquilles, les urnes électorales en renfermeront davantage encore, lorsque l'Évangile, pleinement reçu, aura réalisé entre les époux devenus chrétiens les miracles d'une intimité véritable et sanctifiée.

Vous qui, au nom des femmes, demandez la moitié des votes, vous n'oubliez qu'une chose, c'est que les femmes sont épouses, qu'elles sont mères et qu'elles élèvent la totalité du genre humain ! Au lieu de ces éducations relâchées ou livrées à des mains étrangères trop usitées aujourd'hui, que les femmes ressaisissent les rênes, qu'elles reprennent possession de leurs enfants, qu'elles se consacrent à eux, qu'elles leur enseignent le respect, l'obéissance, le devoir, qu'elles obtiennent du père son action directe sur ses fils et sur ses filles, que dans la maison règne la foi, que le Seigneur Jésus y soit aimé, qu'on y serve Dieu, qu'on prie, qu'on sente la valeur des âmes, qu'on jouisse d'un bonheur élevé, et les femmes, j'ose l'affirmer, feront mieux que gouverner le monde, elles le sauveront.

Il y a des hommes grossiers, je le sais ; il y a des vies détraquées, il y a des existences et des caractères que détruisent les cafés et les cabarets. Le club, qui supprime la vie de famille, règne en maître dans plus d'un pays ; la mode — et les honnêtes femmes y ont pris peine — entoure les femmes déshonnêtes d'une sorte d'auréole qui éblouit ; le vice défait les ménages et brise les cœurs. Nos émancipatrices s'inquiètent fort peu de cela ; on dirait que le droit de suffrage répond à tout, suffit à tout, réformera tout ! — Ici encore nous en appelons à l'influence ; elle seule peut rendre le logis attrayant, le foyer intime et doux, la modestie plus séduisante que l'effronterie ; elle seule a la clef d'or, la clef de la bonne vie, de la belle vie, de l'idéal par les pures amours.

Et ne venez pas dire que préoccupé de la situation normale, le mariage, j'oublie ou je méconnaisse la vocation des femmes célibataires ! La femme qui ne s'est pas mariée parce qu'elle avait le cœur haut placé et que ce cœur n'a pas rencontré ce qu'il cherchait ; la femme qui ne s'est pas mariée parce que, noblement loyale, elle n'a pas voulu livrer sa main sans donner ses affections ; la femme qui ne s'est pas mariée parce que les exigences d'un père, parce que la pauvreté peut-être, parce qu'un devoir de consécration l'ont enchaînée, cette femme a sa mission, n'en doutez nullement : elle exercera son influence, large, directe et bénie. Voyez l'action de la sœur sur les frères, de la fille sur le père, de l'âme sympathique sur les amis ! Voyez le long cortége des misères et des souffrances, comme il connait le chemin de ce logis, comme il y rencontre des compassions et des larmes, comme il y trouve ce que ne lui donneraient pas des maisons mieux ensoleillées ou des cœurs plus heureux. Allez, ni cette vie-là ne s'est rétrécie, ni ce cœur ne s'est refroidi, ni cette intelligence ne s'est appauvrie ; si tout a souffert, tout a grandi !

Ne dites pas que la jeunesse et que la beauté seules exercent l'influence. La mission de la femme, telle que Dieu l'a faite, telle que certains réformateurs voudraient aujourd'hui la défaire, est si grande, qu'elle se maintient absolument indépendante de la jeunessse et de la beauté. Elle a des sources plus profondes. Ne le connaissez-vous point, ce charme de la femme dépourvue d'éclat, mais qu'illumine la flamme intérieure ? Ne le connaissez-vous point, ce charme de la femme âgée, éternellement naïve et jeune ? Ne vous êtes-vous point senti touché, enlacé ? N'avez-vous point laissé à l'écart les plus jolies poupées pour ces laides ou pour ces vieilles auprès desquelles on trouve des idées, de l'indulgence, de la charité, de la conscience, de la vie enfin ?

Le charme, il faut redire le mot, le charme est là. Et avec le charme l'influence, avec l'influence l'avenir.

Croyez-moi, vous toutes qui avez reçu de l'Évangile une telle part, ne rêvez pas de nos grossiers conflits, n'étendez pas la main pour saisir nos droits ; vous laisseriez échapper votre trésor, notre espérance, le bonheur de tous !

Une seconde fois, les portes du paradis se fermeraient sur la race humaine.

XIV

LA VOCATION FÉMININE

Je vais dire un lieu commun, mais un lieu commun qu'on ne saurait trop répéter : les femmes ont reçu de Dieu une mission de charité dans l'accomplissement de laquelle nul ne les égalera.

Voici des pauvres, des malades, des tristes ; voici des âmes corrompues et des familles que le vice entame ; voici des enfants abandonnés, d'autres élevés indignement ; quel royaume pour la charité féminine !

Certes elles méconnaissent leur véritable grandeur, les femmes qui cherchent ailleurs le progrès à réaliser. Elles veulent faire un pas décisif ; la charité le met devant elles. Cette émancipation ne coûtera rien à leur caractère, rien à leur devoir ; la femme charitable est plus femme, plus épouse, plus mère que jamais ; l'humilité l'accompagne, le respect l'environne, son influence devient, dans le sens le meilleur du mot, de l'autorité ; toutefois, ce n'est pas ce qui la séduit, Dieu a mis en elle quelque chose de plus excellent : l'abnégation, le besoin de se dévouer, de se donner par pitié et par générosité.

L'exercice d'un tel privilége se passe parfaitement du droit de vote. Sur ce terrain, la femme est supérieure à l'homme ; non que l'homme n'y rencontre aussi le devoir : malheur à lui, s'il désertait son poste ! mais la femme seule peut dire certains mots, témoigner certaines sympathies, provoquer certaines confidences. Riche ou pauvre, peu importe, elle a le secret des consolations ; les mains affaiblies se tendent vers elle. Quand la femme est bien femme, elle éprouve pour les malheureux des attendrissements que nos âmes plus dures ne connaissent pas, elle soulage en réalité ceux qui souffrent parce qu'elle pleure véritablement avec ceux qui pleurent ; c'est ainsi que l'on touche les cœurs, que l'on gagne la confiance, que l'on prie de manière à être exaucé.

Dans ce domaine de la charité au reste, il y a, Dieu merci, de la place pour deux ; l'union y rayonne, chacun y travaille joyeusement : égalité, supériorité, autorité, tout s'y oublie et tout s'y fond dans un même désir de bien faire, dans un même désir de donner du bonheur et de servir Jésus !

Je ne sais que les femmes pour résoudre les difficultés de la charité pratique, pour vaincre ces dégoûts qui sans elles menaceraient de nous arrêter dès le début. Nous autres hommes, le découragement nous prend vite. Faciliter la paresse, supprimer chez l'indigent les efforts énergiques et le débarrasser de la prévoyance, créer des habitudes quêteuses, accroître le nombre des dépendants au lieu de le diminuer, établir en quelque sorte le paupérisme, transformer les nécessiteux en mendiants attitrés, tels sont les dangers très-réels qui se présentent sur notre chemin. Les femmes, avec leur pénétration, avec leur délicatesse, avec leur patience, démêlent les situations embrouillées, distinguent le vrai du faux, nouent des relations directes, voient ce qui est, savent ce qu'elles font. Par elles nous arrivons à concentrer les secours sur des misères positives, connues, sondées ; par elles nous tendons nos mains de manière à relever au lieu d'abaisser ; par elles nous fondons des patronages sérieux, des protections de voisin à voisin, et nous mettons fin à ces aumônes aveugles, à ces aumônes de la porte, de la rue, de la poste aux lettres, véritables primes acccordées à qui sait le mieux mentir et le plus effrontément importuner.

La mission des femmes ne s'arrête pas là.

Grâce à Dieu, la femme n'est ni prédicateur ni docteur en théologie, son action dans l'Église reste voilée comme sa tête ; cette action cependant, s'exerce avec une incontestable puissance. Il y a une évangélisation qui appartient essentiellement aux femmes, c'est l'évangélisation modeste, obscure, celle de la miséricorde, celle de la foi auprès des malades et des affligés. Avec les meilleures intentions du monde, nous brutalisons parfois les âmes endolories ; au lieu d'apporter le simple Évangile nous formulons un Code, nous philosophons, nous systématisons, nous lions sans nous en apercevoir d'insupportables fardeaux sur la tête des accablés. Nos femmes comprennent mieux et le droit des malheureux et la pitié de Jésus ; elles font entendre le son doux et subtil, on sent autour d'elles comme un rayonnement des compassions divines.

S'agit-il de courages à ranimer, d'existences à disputer au vice ? nos femmes trouveront des énergies, et des convictions, et ces mots d'espoir qui mettent du vent sous les ailes. S'agit-il du mal à prévenir, du progrès à préparer, des enfants, des générations qui nous suivent, de leur moralisation, de leur développement, de cet avenir dont nous avons la charge et dont nous portons la responsabilité ? nos femmes sont là, toujours là, maternelles, persévérantes, les principales instigatrices, les plus actives ouvrières de cette œuvre immense qui s'appelle l'école du Dimanche.

L'école du Dimanche peut devenir notre sauvegarde. Le mal que fait l'école de tous les jours tombée en de mauvaises mains, l'école du Dimanche le répare. Par elle l'Évangile circule dans les masses qui sans elle l'auraient absolument gnoré. Non-seulement l'école du Dimanche agit directement sur les jeunes qu'elle enveloppe d'un réseau de lumière et d'affection , mais par les jeunes elle ressaisit parfois les vieux, et de loin les éclaire et les réchauffe.

Il faut voir ce que sont en Amérique ces bataillons de monitrices et de moniteurs voués à l'instruction des multitudes enfantines, véritables pépinières de l'avenir que ne dédaignent pas de diriger les principaux citoyens, les magistrats, et le Président lui-même.

La femme, je le répète, évangélise et ne prêche pas.

Elle va porter la bonne nouvelle de l'Évangile dans les quartiers les plus mal famés des grandes villes[1], elle la répand dans son village ; soldats, ouvriers, écoutent avec respect la voix douce et ferme qui console encore plus qu'elle n'enseigne. Gardez-lui bien cette mission, si vous la lui ôtiez, nul ne l'y remplacerait.

Tout cela reste discret, retiré. La charité des comités et des *rapports* n'est la bonne ni pour les femmes, ni pour personne. Telle vie soi-disant charitable peut se dissiper en séances officielles, devenir en quelque sorte une vie publique, arracher la femme aux devoirs intérieurs sans profit pour qui que ce soit. Cette charité pompeuse, avec sa mise en scène et son fracas demeure stérile, vide, malsaine pour ceux qui l'exercent, aussi humiliante qu'impuissante pour ceux qu'elle prétend soulager. L'autre, la charité secrète, directe, individuelle, non-seulement relève l'homme, mais relèvera les masses.

Nous sommes en présence d'un problème dont on s'inquiète à juste titre. Ce problème : la question sociale qui angoisse notre temps et pèse sur notre avenir, ne se résoudra pas sans l'intervention des femmes. Il est gros d'antagonismes, on ne peut avancer sur ce sol miné en dessous. tant que les passions y grondent seules ; mettez-y les hommes

____
1. A Londres, et partout.

en face des hommes, avec leurs rudesses, la guerre éclatera.
Il y faut les femmes, la femme riche, la femme pauvre ; il
y faut cette douceur, cette compréhension ; il faut que les
mains se touchent et que les cœurs s'émeuvent ; les délicatesses et les bontés féminines auront seules raison des
préventions, des défiances et des haines. Si la charité ne
vient en aide à la liberté, celle-ci pourra bien changer
quelques faits, réparer quelques brèches, elle laissera l'homme
tel quel, mécontent et irrité. La difficulté sera écartée, elle
ne sera pas vaincue.

Les femmes en savent plus que nous là-dessus. Elles ont
en matière sociale une divination qui nous manque et qu'elles tiennent de leur conscience et de leur symphatie. Les
inégalités extrêmes les blessent et les inquiètent, elles éprouvent le besoin de combler ces grands vides, elles y jettent
leurs miséricordes avec leurs effusions, le niveau se réta-
blit par là.

Croyez-moi, laissons-les faire ; la rencontre pacifique et
amicale du riche et du pauvre, cette rencontre qui s'opère
journellement sur le terrain de la charité, ces relations fraternelles, essentiellement nouées par les femmes, auront plus
d'influence que les discours les plus sensés et que les meil-
leurs projets de lois.

XV

L'IDÉAL

Je ne puis terminer cette courte étude sans revenir au
mariage chrétien, à l'idéal.

Ici l'égalité reparaît, on dirait presque l'identité, tant la vie
de la foi qui est semblable, absorbe les diversités secondaires.

L'état qui a précédé la chute : Dieu seul maître ! renaît en
quelque sorte pour rétablir l'équilibre moral. L'Évangile met
l'amour à côté de l'autorité, il la transfigure. Au sein de
l'unité, qui est l'égalité par excellence, l'autorité revêt un
caractère tel, qu'il exclut toute idée de soumission servile.
Le couple redevient un. Ce n'est pas le mari et la femme
pris séparément, c'est le couple pris collectivement qui appartient à l'Évangile. Dès lors le commandement, cette expression brutale du pouvoir absolu — le maître donne des
ordres — s'évanouit pour faire place à la manifestation
d'une pensée commune. Y a-t-il divergence, on cherche à
deux la vérité, on délibère à deux, on s'efforce de décider
à deux ; ce n'est pas difficile, on examine d'un même esprit,
on croit d'une même âme, on sent d'un même cœur ; si l'on
n'arrive pas à l'entente absolue, le dernier mot appartient nécessairement à quelqu'un, et ce quelqu'un est le mari ; mais
alors même l'harmonie subsiste, car le chef de famille, qui
doit maintenir l'autorité, comprend trop bien qu'il a devant
lui une égale, la mission de sa femme lui apparaît trop
grande, il en saisit trop les caractères touchants et saints
pour que le respect, pour que les ménagements de la tendresse ne viennent pas tempérer l'exercice du droit et du
devoir.

Il y a, d'ailleurs, des portions de l'autorité qui se délè-
guent naturellement à la femme ; le département de l'intérieur et des enfants lui appartient, tout comme le département extérieur et la direction générale de la famille
appartient à l'homme. Ce partage raisonnable s'opère de
lui-même dans toute union chrétienne. Un sentiment instinctif, auquel les natures grossières échappent seules,
nous apprend que l'homme, en s'ingérant dans les détails
du ménage, commet une véritable et maladroite usurpation.
Lorsqu'il s'en mêle, tout va de travers, il y gêne et il y est gêné,
il y apporte des inexpériences qui dégénèrent en préoccu-

pations fâcheuses; comprenant peu, il s'inquiète hors de propos; la ténuité même des fils qu'il saisit de ses fortes mains fait qu'il les embrouille ou qu'il les casse. Règle générale, à chacun son métier!

L'autorité de la mère sur ses enfants, autorité qui n'altère en quoi que ce soit la royauté du père, est encore plus indispensable et plus évidente que les droits de maîtresse de maison. L'éducation recevrait une mortelle atteinte le jour où l'on mettrait en doute l'autorité maternelle dans ce qu'elle a de précis et de sacré. Saura-t-on jamais ce que renferme de bénédictions l'obéissance, le respect des enfants pour celle qui a ouvert leur cœur à la foi, qui a joint leurs petites mains dans la prière, qui a fait éclore leurs premières idées, qui a réveillé leurs premières émotions. Allez, n'ôtez pas un fleuron à cette couronne des reines de l'intérieur, épouses et mères, si vaillantes et si gracieuses dans l'accomplissement de leur devoir, si fermes et si douces dans le gouvernement de leur modeste empire, qui sont là si bien chez elles, et qui servent si puissamment le bonheur de tous!

Encore une fois, le charme, la saine élégance, la tenue de la maison, celle des enfants sont entièrement indépendantes de la situation de fortune. Dans tel intérieur modeste il y aura certains jours nappe blanche, petites fêtes, ensemble harmonieux, et les enfants se sentiront heureux, et le mari se plaira chez lui, et l'âme de la femme rayonnera sur ce monde intime, vivifié par son amour.

Ce n'est pas pour cette femme-là que le mariage ouvre la porte aux futilités de la vie. Renvoyer les maîtres, cesser les leçons, laisser de côté les livres, se consacrer à ce qu'on appelle : les devoirs du monde ! tel est le mot d'ordre ordinaire. En y obéissant, les femmes se discréditent et se subordonnent plus qu'aucune législation ne les y a jamais condamnées. Une femme chrétienne vise plus haut. Je ne

vois rien de touchant pour ma part, comme le plan de vie de
deux jeunes époux qui se proposent d'accomplir ensemble
le bien, de se développer ensemble, de continuer ensemble
leur éducation, d'aspirer aux bonheurs élevés qui sont in-
séparables du travail et du devoir! Donner à l'âme et au
cœur des enfants, donner au gouvernement consciencieux de
la maison, aux lectures de famille, au service de Dieu dans
la personne des souffrants et des pauvres, donner au progrès intellectuel et moral de tous, le temps que réclamaient
les exigences féroces de l'existence mondaine, voilà quel
programme, nettement posé, courageusement suivi, les femmes de l'Évangile opposent aux entraînements frivoles et à la
folie des réclamations sociales.

Le partage des idées, la fréquente communauté du travail réaliseront des égalités meilleures, plus pratiques et plus
profondes que l'égalité par droit de suffrage.

C'est un grand sujet, que celui de l'association intellectuelle et laborieuse du mari et de la femme ; il importe plus
qu'on ne croit à l'étroite union des âmes. Sans doute l'intimité peut régner, Dieu merci, entre un membre de l'Institut
et sa femme, sans que celle-ci ait étudié la paléontologie
ou les mathématiques transcendantes; l'intimité peut régner
entre un ingénieur et sa femme, sans que celle-ci sache
faire l'épure d'un canal ou le devis d'un chemin de fer ; dans
l'un et l'autre cas, cependant, l'intimité gagnera beaucoup
à l'intelligence des notions générales, à cet échange de pensées qui résulte de la culture fondamentale de l'esprit, à
cette sympathie enfin, pour les études spéciales, qui se passe
très-bien d'une étude approfondie, mais qui ne se passe ni
d'aperçus justes, ni d'activité.

Sans cette sympathie-là, les deux vies se côtoyent mais ne
se fondent pas. Dès qu'elle existe, sitôt qu'il y a partage
des idées et des travaux, la femme peut, la femme doit
exercer sur la vie intellectuelle, sur l'action, même politi-

que, de son mari, une influence toujours importante et souvent décisive. Entre eux, au reste, l'influence est réciproque ; et c'est la beauté du mariage.

En tout cas, il n'est pas bon que la femme ne s'intéresse point à la chose publique, qui intéresse son mari et ses fils. Le bonheur, le progrès moral s'y trouvent engagés. Quel chef-d'œuvre, d'y rendre les femmes indifférentes !

Elles ne le sont que trop. C'est un des résultats de l'existence faussée, étroitement mondaine qu'on leur a faite, de les maintenir étrangères aux grandes idées qui parcourent leur patrie. Citoyennes, elles n'en protégeront que mieux le sanctuaire domestique, puisqu'il y aura un contact de plus entre elles, leur mari et leurs fils. Les nations libres, l'Angleterre, l'Amérique, la Suisse, nous montrent de ces femmes-là, sérieusement, ardemment occupées des progrès du pays, de l'avenir du pays, et modestes et recueillies au coin du foyer, attrayantes plus que pas une !

La vie de famille n'est pas du tout, comme on l'a quelquefois pensé, l'ennemie de la vie publique. Les bonnes affections poussent à l'accomplissement de tous les devoirs. Elles n'énervent ni n'affaiblissent personne. L'égoïsme à deux, ou à trois, ou à quatre, est toujours de l'égoïsme et ne mérite aucune espèce de respect. Mais la famille chrétienne le désavoue. Loin qu'elle détourne ses membres des devoirs civiques, il y a en elle un centre de chaleur qui rayonne au dehors. On s'encourage dans son sein à agir, à combattre pour les nobles causes, à servir la justice et la liberté. Soyez-en certains, si l'indolence égoïste, si la sotte indifférence existent quelque part, c'est là justement où manque la vraie famille, c'est là où la vraie famille n'a pas remué les consciences, n'a pas fait battre les cœurs.

L'Évangile, — toujours il faut commencer et finir par

lui, — crée seul ces faisceaux saintement unis et vigou-
reux.

La piété de la femme est la source la plus ordinaire de la
piété, de l'énergie du mari et des fils. Elle entretient la
flamme divine ; le culte de famille où le mari occupe la
première place ne se passe point d'elle. Mêmes espérances,
mêmes prières, action vaillante en commun, voilà l'éternelle égalité.

Ce qui semble le plus paradoxal au monde, c'est le mariage et la famille selon l'Évangile. Il y a là tant de grandeur, tant de poésie, il y a des ambitions et des aspirations
si élevées, les vulgarités d'en bas y sont si hardiment contre-
dites, les axiomes au rabais si résolûment démentis que le
mot *paradoxe* vient naturellement aux lèvres. Hé bien, ce
paradoxe est le bon sens par excellence. Oui, le vrai bon
sens a paru sur la terre avec l'Évangile. La vie chrétienne
n'est pas seulement sublime, elle est sensée. C'est si sublime,
le bon sens ! C'est si sensé, la recherche de l'idéal, quand on
sait que Dieu a préparé pour nous toutes les beautés de
l'immortel bonheur !

Relevez la femme par l'Évangile, vous relèverez la famille ;
relevez la famille, vous relèverez la société ; les réformes
vraiment justes s'accompliront d'elles-mêmes, les réformes
absurdes tomberont d'elles-mêmes ; l'édifice montera, soli-
dement appuyé sur sa pierre angulaire : l'unité du couple.

L'unité ! vous la trouvez à la base de la création : « Celle-
ci est os de mes os et chair de ma chair [1] ! »

L'unité ! les Saintes Écritures vous la montrent aux pieds
de Jésus : « Ni l'homme n'est sans la femme, ni la femme
n'est sans l'homme, en notre Seigneur [2] ! »

1. Genèse, chap. II, vers. 23.
2. 1re épître aux Corinthiens, chap. XI, vers. 11.

Et chaque couple chrétien qui s'avance dans la vie, chaque couple chrétien qui marche vers l'éternité, le cœur brûlant d'un même amour, le front illuminé d'une même foi, vous redit la magnifique parole : « L'Éternel n'en a fait qu'un [1] ! »

1. Malachie, chap. II, vers. 15.

FIN

F. AUREAU et Cie. — Imprimerie de Lagny.

Clichy. — Imp. Paul Dupont et Cⁱᵉ, rue du Bac-d'Asnières, 12.

9 782013 442251